Peter Schneller

Straßen-, Hof- und Gartenfeste

Planung, Organisation und Gestaltung
kindgerechter Spielfeste. Ein Handbuch.

Illustrationen: Kasia Sander

Ökotopia Verlag Münster

Impressum

Autor: Peter Schneller

Illustration: Kasia Sander

Satz: Studio Bandur, Idstein-Wörsdorf

ISBN: 3-931902-60-9

Inhalt

Vorwort

Dieses Buch ist für alle, die als Eltern, LehrerInnen, ErzieherInnen, als Vereinsmitglied, GemeindehelferInnen oder in einer anderen Funktion ein kindgerechtes Spielfest oder eine Spielaktion organisieren wollen. Und zwar so, dass es interessant, abwechslungsreich und überraschend ist – und den Kindern Spaß macht.

Wer sich zum ersten Mal an eine solche Unternehmung wagt, wird detaillierte Anleitungen und ausführliche Themenvorschläge finden. Und wer mit seinen bisherigen Versuchen völlig unzufrieden war, dem soll mit dem Buch Mut gemacht werden, es noch einmal zu versuchen. Denn Gründe, warum ein (Spiel-)Fest nicht den erhofften Erfolg bringt, gibt es viele: schlechtes Wetter, zu wenig BesucherInnen, unmotivierte HelferInnen, unpassendes oder zu wenig Spielmaterial, die falsche Tageszeit, Konkurrenzangebote, Ärger mit NachbarInnen oder der Polizei, um nur einige mögliche Gründe für ein Misslingen zu nennen.

Aber meistens genügen ein paar Regeln, damit Organisation und Durchführung eines Spielfestes Freude macht, die auch beim Aufräumen bzw. bei der Abrechnung nicht verloren geht.

Überlegen Sie beim nächsten Spielfest doch einmal, ob Sie nicht einige Kinder bereits bei der Planung mit einbeziehen können. Dass es damit ein Erfolg wird, kann Ihnen keiner garantieren – aber es wird sicher kindgerecht.

Der Autor hat mit der Organisation von Spielfesten und Spielaktionen seit über dreißig Jahren Erfahrung: in verschiedenen Funktionen bei Vereinen, Verbänden, der Stadt, als Kinderliedersänger und Spielemacher. Dabei gab es (seltener) misslungene und (häufiger) erfolgreiche Veranstaltungen, ob nun im Stadtteil, auf der Straße, bei einem Verein oder bei einem Riesen-"Event", zu dem die Zuschauermassen nur so strömten. Die Vorschläge, die in diesem Buch zu finden sind, stammen aus diesem Erfahrungsschatz. Trotzdem ist er weiter offen für ungewöhnliche Ideen und neugierig auf neues Material. Deshalb hoffe ich, dass Sie mir über Ihre eigenen Erfahrungen berichten werden. Erfahrungen, die Sie mit diesem Buch gemacht haben – ob es Ihnen bei der Organisation und Durchführung eigener Spielfeste etwas gebracht hat und ob Sie Ideen aus diesem Buch erfolgreich weiter entwickeln konnten. Im Anhang finden Sie eine Möglichkeit, wie wir gemeinsam diese Sammlung an Vorschlägen und Spielideen, Veranstaltungstipps und Organisationshinweisen im Rahmen des Internets weiter entwickeln können.

Jede erfolgreiche Spielaktion braucht wie eine gute Theaterinszenierung einen dramaturgischen Aufbau, bei dem es einen Spannungsbogen geben muss von der Einleitung, über einem Höhepunkt bis zum Schluss, bei dem noch einmal alle Energie gebündelt werden muss, damit alle dieses Fest noch lange in guter Erinnerung halten können. Damit das gelingt, darf möglichst wenig dem Zufall überlassen werden. Um Ihnen dabei zu helfen, wurde dieses Buch geschrieben.

Peter Schneller

Einleitung

Allzu oft werden viele Besucher als wichtigster Indikator für ein gelungenes Fest angesehen. Viele Institutionen – und auch wir als OrganisatorInnen – messen unseren Erfolg an Zahlen. Dabei sind die schönsten Spielfeste diejenigen, bei denen eine überschaubare Kindergruppe durchgehend die Hauptrolle spielen kann. Ob dann wirklich besonders viele Kinder (und Erwachsene) kommen, ist abhängig vom Ort der Veranstaltung, von der Wetterlage, vom Datum, von den „Highlights" und von der Werbung.

Das Wetter

Sie können es (noch) nicht beeinflussen, aber rüsten Sie sich gegen Regen, indem Sie im Vorfeld für ausreichende Überdachungen sorgen – sie schützen im Sommer auch vor zu viel Sonneneinstrahlung. Zelte, Pavillons, Vorräume, Flure, Schulaulen können Sie vorbereiten, um sie kurzfristig zu nutzen, damit Ihr Fest nicht buchstäblich ins Wasser fällt. Da die Vorhersagen immer präziser werden, kann schon einige Tage vor dem Fest durch Anruf beim örtlichen Wetteramt oder auf der entsprechenden Internetseite abgefragt werden, welches Wetter am Veranstaltungstag zu erwarten ist.

Konkurrenz?

Bei der Planung des Veranstaltungstages sollte berücksichtigt werden, ob eine andere Großveranstaltung im Stadtgebiet stattfindet. Das können z. B. sein: (sportliche) Großveranstaltungen vor Ort oder in der Region, Sportaktivitäten mit Fernsehbeteiligung, Wahlen, Tag des ausländischen Mitbürgers, aber auch Kirmes oder ein Zirkusgastspiel – Termine, die Sie durch einen rechtzeitigen Anruf bei der Stadtverwaltung (Ordnungsamt, Amt für Veranstaltungswesen, Kulturamt) oder beim Verkehrsverein erfahren können. Oft sind auch Stadt- oder Stadtteilfeste bereits Anfang des Jahres bekannt.

Kindgerechte Zeiten

- **Das Spielfest an einem Wochentag:**
Wird das Fest an einem Wochentag geplant, sollten Sie Zeiten für Hausaufgaben berücksichtigen – es sei denn, es sind Ferien. Werden hauptsächlich Kinder angesprochen, die noch nicht die Schule besuchen, sollten Ruhezeiten eingeplant werden. Wickelgelegenheiten und Stillecken sind obligatorisch und länger als bis 18.00 Uhr muss das Fest nicht sein, da ab dann viele Kinder schon wieder bettfertig gemacht werden.
Wollen Sie auf ehrenamtliche HelferInnen zurückgreifen, müssen Sie deren Arbeitszeiten im Blick haben und/oder sie schon sehr früh in die Planung mit einbeziehen.

- **Das Spielfest an einem Samstag** zur Geschäftszeit – oder im Anschluss an die Geschäftszeit:
Wer samstags ein Spielfest mitten in der Stadt durchführen möchte, wählt zweckmäßigerweise die Öffnungszeiten der Geschäfte und bietet nur kurzweilige Spiele an, da die Eltern mit den Kindern in der Regel nur kurzzeitig an der Veranstaltung teilnehmen. Ansonsten sind Veranstaltungen samstags nur dann erfolgreich, wenn sie frühestens um 14 Uhr beginnen, da die meisten Eltern diesen Tag zum Einkaufen und Putzen nutzen und sich frühestens nachmittags Zeit nehmen.

● Das Spielfest an einem Sonntag:

Beginnen Sie ein Spielfest sonntags nicht vor 11 Uhr.

Sie werden in der Regel an Sonn- und Feiertagen vom Ordnungsamt keine Genehmigung für ein Spielfest erhalten, das vor 11 Uhr beginnt. Und zwar wegen der kirchlichen Ruhezeiten, insbesondere dann nicht, wenn das Spielfest in unmittelbarer Nähe zur Kirche stattfinden soll. Anders kann es sein, wenn die Kirche Mitveranstalter ist. Sonst eignet sich der ganze Sonntag von 11 bis 18 Uhr. Von 11 bis 13 Uhr lassen sich insbesondere Väter mit Kleinkindern ansprechen. Ab 14 Uhr könnte dann die ganze Familie unterwegs sein, wenn nicht den Großeltern ein Besuch abgestattet werden muss. Denken Sie auch daran, dass es immer noch Eltern gibt, die ihre Kinder am Sonntag besonders schick anziehen. Den Zorn dieser Eltern ziehen sich alle zu, die ein interessantes Kreativangebot im Programm haben, bei dem die Kinder mit Farben hantieren sollen oder mit Wasser oder Klebstoff – aber dafür gibt es ja Malhemden.

Sie sehen, dass es alles Mögliche zu bedenken gibt. Und dabei wurde noch nichts über den Ablauf und die Schwerpunkte des zu planenden Festes gesagt. In den folgenden Kapiteln werden deshalb folgende Themen ausgeführt:

1. Ein Übersichtskapitel zur Planung von Spielfesten (Spielfeste überall in der Stadt), aus dem nützliche Informationen für alle Arten von Aktivitäten gezogen werden können – auch wenn es beispielhaft die Situation von Spielfesten draußen (auf Straßen, Plätzen, in Parks und auf Wiesen) beschreibt.

2. Beispiele für fünf Spielkisten. Beschrieben wird, wie Spielkisten (Anhänger oder Spielmobile) mindestens bestückt sein sollten, um die unterschiedlichsten Spielfeste optimal gestalten zu können.

3. Eine alphabetische Zusammenstellung über Spiele und Spielaktionen – jeweils mit allen wichtigen Informationen zu Alter und Anzahl der SpielerInnen, der notwendigen Zahl der BetreuerInnen, dem Spielort und ob es sich um ruhige, kreative oder Bewegungsaktivitäten handelt bzw. ob das Spiel für Einzelne oder Gruppen geeignet ist.

4. Die ersten Kapitel bilden sozusagen das Gerüst für das folgende Kapitel, in dem es jetzt um konkrete Handlungsleitfäden für die Durchführung von Spielfesten geht:
   ● Spielfeste auf der Straße, im Hof oder im Garten, z.B. im Frühling
   ● Spielfeste auf Schulhöfen und Marktplätzen als Stadtteilfeste z.B. im Herbst
   ● Spielfeste in der Fußgängerzone der Innenstadt oder im Stadtpark, im Einkaufszentrum oder der Stadthalle als Stadtfest im Sommer

5. Im Anhang finden Sie wichtige Adressen, z. B. von Herstellern, Spielmobilbetreibern und Spielgeräteverleihern und Versicherungen. Außerdem gibt es einige Muster-Vordrucke, z. B. für die Anmeldung der Veranstaltung bei der GEMA und für Verträge mit KünstlerInnen. Und es sind alle Angebote noch einmal systematisch nach den verschiedenen Spielformen mit entsprechenden Seitenverweisen geordnet.

Spielfeste überall in der Stadt

Die nachfolgend beschriebenen Schritte sind insbesondere für diejenigen interessant, die als JugendgruppenleiterIn, MitarbeiterIn in Jugendfreizeithäusern oder bei der Stadtverwaltung im Jugend-, Kultur- oder Veranstaltungsamt Spielfeste mehr oder weniger professionell planen und durchführen. Natürlich sind sie auch für alle anderen nützlich; nur brauchen sie wohl nicht alle Punkte zu beachten bzw. gleich wichtig zu nehmen.

Sie finden Informationen

- zur zeitlichen Planung von Spielfesten (Jahres-, Monats-, Wochen- und Tagesplanung)

- zur Einbindung von Musik-, Theater und Zirkusgruppen einschließlich der GEMA-Frage

- zur sinnvollen Zusammenstellung von Spielfesten.

Planungszeit und Planungsablauf bis zum Tag des Ereignisses

Jahresplanung

Spielfeste haben entweder eine alte Tradition z. B. weil sie jedes Jahr stattfinden – zum Ende der Schulzeit, zu Beginn der Ferien, an bestimmten Jahrestagen einer Schule, eines Kindergartens, eines Vereins oder als regelmäßiges Dorf- oder Stadt(teil)fest.

Oder es gibt eine Gruppe von Leuten, die für die Kommunikation im Stadtteil oder in einer Straße zum ersten Mal ein Fest für große und kleine Mitbewohner organisieren will.

Bei jährlich wiederkehrenden Anlässen gibt es vermutlich schon eine gewisse Routine.

Aber nicht nur für die Planung eines ersten Spielfestes sollten Sie möglichst viel Vorlaufzeit rechnen.

Sie sollten spätestens im Dezember mit der Planung für die folgende Spielsaison, die etwa im Mai beginnt, anfangen, so dass für die Vorbereitung wenigstens ein halbes Jahr zur Verfügung steht.

Der Zeitpunkt Dezember spielt noch aus anderen wichtigen Gründen eine Rolle:

1. bei der Frage nach Sponsoren, die sich aus den unterschiedlichsten Beweggründen an Spielfesten beteiligen – sie verplanen ihre Gelder am Jahresende.

2. Künstler, Spielgeräte-, Bühnen- und Verstärkeranlagenverleiher haben im Dezember die ersten (Vor-)Buchungen zumindest für die besonders beliebten Wochenendtermine kurz vor und kurz nach den Sommerferien. Wer da erst im Mai mit seinen Planungen beginnt, kommt in der Regel zu spät.

3. Größere Spielfeste sollten im Jahresveranstaltungskalender bekannt gegeben werden. Das gilt insbesondere für Gemeinden oder Städte, die auch Touristen ansprechen wollen. Dafür sind entweder die Stadtwerbung der Verwaltung, der Verkehrsverein oder das Touristenbüro zuständig. (Mittlerweile haben auch fast alle Städte Internetauftritte, die ebenfalls berücksichtigt werden sollten.)

Planen Sie ein Fest nicht nur für einen begrenzten Personenkreis (z.B. für Mitglieder eines Vereins, Bewohner einer Straße, usw.), sondern wollen Sie als Veranstalter einen möglichst großen Personenkreis ansprechen – insbesondere, weil Sie durch den Verkauf von (möglichst vielen) Speisen und Getränken das Spielfest finanzieren müssen oder das Spielfest als Aktion zugunsten einer wie auch immer benachteiligten Gruppe organisieren, um möglichst viel an Spendengeldern zusammen zu bekommen, dann müssen Sie auch noch weitere Faktoren berücksichtigen, die die Besucherzahlen unter Umständen erheblich beeinflussen können, z.B.:

- ein anderes großes Fest in der Stadt (Kirmes, Zirkus, Flohmarkt, Handwerkermarkt usw.)
- Sportereignisse (besondere Fußballspiele, Weltmeisterschaften, Olympia, usw.)

Die Informationen darüber finden Sie heute in der Regel schon frühzeitig in den Internetpräsentationen der Stadt, bzw. des Verkehrsvereins. Über große Sportereignisse des kommenden Jahres bekommen Sie Informationen in den Sportämtern, bei großen Sportvereinen oder direkt bei den Landes-, bzw. Bundessportverbänden.

Wird Ihr Fest ein großes Spielfest mit einem umfangreichen Bühnenprogramm, dann sollten Sie unbedingt eine Person als ModeratorIn engagieren. Vor allem dann, wenn Sie während des Spielfestes den Besuchern etwas vorstellen wollen.

Sie können die Moderation auch selbst übernehmen, da Sie als OrganisatorIn auch den größten Überblick haben.

Trauen Sie sich das aber nicht zu, kümmern Sie sich frühzeitig um einen geeigneten Moderator, eine geeignete Moderatorin.

Fragen Sie beim örtlichen Rundfunksender nach. Die ModeratorInnen dort sind in der Regel freiberuflich tätig und kommen gerne zu solchen Großveranstaltungen.

Das Engagement (bekannter) Rundfunk- oder FernsehmoderatorInnen hilft einem Fest noch auf eine andere Weise: In der Regel laufen mehrmals kostenlose Veranstaltungshinweise über den Sender und obendrein gibt es noch eine Berichterstattung von der Veranstaltung.

Sprechen Sie vorher mit dem zuständigen Redakteur vom Dienst, ob eine Live-Moderation am Anfang des Spielfestes erfolgen kann. Das hat nämlich eine enorme Auswirkung auf die Besucherzahlen, weil sich dadurch viele ZuhörerInnen kurzfristig entscheiden, spontan das Spielfest mit ihren Kindern zu besuchen.

Musik und KünstlerInnen auf dem Fest

Die GEMA-Meldung

Ein Punkt, der immer wieder von VeranstalterInnen übersehen wird, ist das Nutzungsrecht der Musik. Dafür ist die GEMA zuständig.

Die GEMA verfügt über die Aufführungs-, Wiedergabe-, Vervielfältigungs- und Verbreitungsrechte für etwa 2,5 Millionen Musiktitel. Wer einen dieser Titel öffentlich spielen oder anderweitig nutzen will, muss der GEMA dafür eine Vergütung zahlen (die diese nach einem bestimmten Schlüssel an KomponistInnen, TexterInnen, SängerInnen und Musikverlag weitergibt).

Wenn Sie also GEMA-pflichtige Musik von der Kassette oder der CD spielen, müssen Sie das vor der Veranstaltung melden (bei der zuständigen GEMA-Bezirksdirektion), denn Sie benötigen dafür das Wiedergaberecht.

Den Kontakt zur GEMA müssen Sie als Veranstalter aufnehmen. Und zwar vor der Veranstaltung. (Wenn die GEMA nach langen Recherchen herausgefunden hat, dass Sie als Veranstalter die Meldung vergessen haben, kann Ihnen ein Strafgeld in doppelter Höhe drohen.)

Auch live gespielte Musik muss der GEMA gemeldet werden. Sie benötigen dafür das so genannte Aufführungsrecht. Das geschieht, indem Sie vorher z. B. die Lieder eines Kinderliedermachers bei der GEMA anmelden und Gebühren bezahlen. Die GEMA schickt Ihnen einen „Musikfolgebogen". Den schicken Sie nach dem Fest der GEMA ausgefüllt wieder zurück. Er muss unter anderem die gespielten Titel und den oder die Komponisten beinhalten. Am besten, Sie fordern schon bei der Vertragsschließung vom Künstler eine Titelliste mit den erforderlichen Angaben. Die wird er Ihnen gern geben, denn er möchte ja auch, dass seine Lieder korrekt abgerechnet werden. Die Angaben dieser Titelliste können Sie dann für Ihren Musikfolgebogen übernehmen.

Im Anhang dieses Buches finden Sie ein GEMA-Musikfolge-Formular und die Anschriften der GEMA-Bezirksdirektionen.

Setzen Sie sich am besten vorher mit der für Sie zuständigen GEMA-Bezirksdirektion telefonisch in Verbindung. Vielleicht müssen Sie gar keine Gebühren zahlen, weil die Veranstaltung durch einen städtischen oder kirchlichen Pauschalvertrag mit der GEMA abgedeckt ist. Dennoch, anmelden müssen Sie die Veranstaltung auf jeden Fall.

Musikanlage

Es gibt mehrere Möglichkeiten, an eine Beschallungsanlage für das Spielfest zu kommen.

● Kaufen

Eine taugliche Anlage ist im Fachhandel nicht unter DM 2.000,– zu haben. Sie brauchen zumindest eine Aktiv-Lautsprecher-Box (mind. 100 W) mit Anschlüssen für Kassettenrekorder, CD-Player und Mikrofon, ein Stativ dafür, ein gutes Mikrofon und auch dazu ein Stativ. Sinnvoll sind ein oder mehrere schnurlose Mikrofone mit Funkanlage. So eine Beschallungsanlage ist aber nur für Kleinveranstaltungen geeignet. Wenn Sie für solche Anschaffungen kein Geld haben, können Sie versuchen dafür einen Sponsor zu finden – vielleicht eine Bank oder ein großes Musikfachgeschäft.

● Mieten

Musikfachgeschäfte und Musikanlagen-Firmen vermieten natürlich auch Beschallungsanlagen für Veranstaltungen aller Größenordnungen. Sie sollten dann aber gleich einen Mitarbeiter „mit mieten", denn ohne fachkundiges Wissen schleichen sich schnell Bedienungsfehler ein.

● Leihen

Eine weitere Möglichkeit: Die örtlichen Jugend- und Kulturämter, aber auch die Jugendverbände, haben schon mal eine Verstärkeranlage im Lager stehen. Einfach nachfragen! Und die letzte Möglichkeit, wie Sie an eine Verstärkeranlage kommen, finden Sie im folgenden Abschnitt.

Kinderliedersänger, Musik vom Band, Theater/Puppentheater, Zirkus, Sportshow

Vielleicht haben Sie ja schon einmal mit dem Gedanken gespielt, für das Spielfest eine Künstlerin oder einen Künstler zu engagieren. Das erhöht zwar die Kosten – allerdings auch die Attraktivität des Festes.

Die meisten Interpreten oder Gruppen, ob im Musik- oder Theaterbereich, die für Kinder spielen, besitzen eigene Verstärkeranlagen. Die sind zwar in der Regel auf ihre eigenen Bedürfnisse zugeschnitten, sind aber meistens auch für die Beschallung kleinerer Spielfeste völlig ausreichend. Und sie stellen die Anlage sicher auch gerne für andere Interpreten oder für Ansagen und Reden „Offizieller" zur Verfügung.

Verlängert sich die Aufenthaltszeit der Künstlerin oder des Künstlers dadurch aber erheblich (im Vergleich zur eigentlichen Auftrittszeit), dann werden Sie für die Bereitstellung der Anlage eine zusätzliche Aufwandsentschädigung einkalkulieren müssen.

An dieser Stelle soll aber nicht der Eindruck entstehen, dass KünstlerInnen nur wegen einer Verstärkeranlage eingeladen werden sollten. Die schönsten Spielfeste, die ich bisher durchgeführt habe, waren die mit einer guten Mischung aus Einzel- und Gruppenangeboten, aus Kreativ- und Bewegungsspielen und aus kulturellen Angeboten wie Kinderliederprogrammen , Kindertheater, Puppentheater, Kinderzirkus usw.

Doch wie kommt man zu einem guten Profi?

Jugend- und Kulturämter, aber auch die Verkehrsvereine oder -ämter bekommen regelmäßig die neusten Angebote der KünstlerInnen oder der Künstleragenturen zugeschickt. Sie verfügen aber auch über Kenntnisse des örtlichen Künstlerangebotes. (Bei KünstlerInnen aus der Region fallen keine Fahrt- und Übernachtungskosten an!) Das Internet ist für die Programmplanung mittlerweile auch eine große Hilfe: Im Anhang dieses Buches sind einige Adressen aufgelistet. Dort finden Sie u.a. die Adressen von Agenturen, die nur KünstlerInnen vermitteln, die für Kinder spielen: z.B. Kids Kultur. Bei Kids Kultur finden Sie Musikgruppen, Liedermacher, Clowns, Theatergruppen, Zauberer, Gaukler, Walk-Acts und vieles mehr. Diese Agentur nennt Ihnen aber auch ähnlich arbeitende Agenturen, wenn Sie lieber mit KünstlerInnen aus ihrer Region arbeiten wollen.

Einige Regeln, die den „Umgang" mit KünstlerInnen erleichtern und zum guten Gelingen ihres Auftritts beitragen:

1. Kontaktaufnahme: Nehmen Sie schriftlich oder telefonisch mit KünstlerInnen oder einer Agentur Kontakt auf. Stimmen Sie Tag, Uhrzeit, Dauer des Auftritts, Auftrittsort, Aufbauzeit, Technik und natürlich das Honorar ab. Klären Sie auch, ob zum Honorar noch die Mehrwertsteuer hinzu kommt oder nicht. Falls Sie keinen Vertrag vorschnell abschließen wollen, ordern Sie zunächst Info-Material. Das können Sie später für die Pressewerbung verwenden.

2. Gastspielvertrag: Haben Sie sich für eine KünstlerIn entschieden, schließen Sie immer einen schriftlichen Gastspielvertrag ab (einen Mustervertrag finden Sie im Anhang).

3. Beschallungsanlage: Wenn Sie die Beschallungsanlage der Künstlerin für Ihr Fest auch anderweitig nutzen wollen, müssen Sie das ebenfalls vertraglich vereinbaren.

4. GEMA-Anmeldung: Lassen Sie sich, falls GEMA-pflichtige Lieder gesungen werden, ein GEMA-Musikfolge Formular zuschicken. (s. Muster im Anhang).

5. Parkmöglichkeit für die KünstlerInnen: Reservieren Sie einen Parkplatz in der Nähe des Auftrittsortes.

6. Aufbauhelfer: Hilfe beim Aus- und Einladen können die KünstlerInnen sicher auch gebrauchen. Stellen Sie dafür Auf- und AbbauhelferInnen zur Verfügung.

7. Bedingungen für den Auftritt: Der Ort der Darbietung sollte für den Auftritt vorbereitet sein (Bühne, Strom etc.) Unter Umständen benötigen die KünstlerInnen eine Umkleidemöglichkeit und im Anschluss an den Auftritt eine Wasch- oder Duschmöglichkeit.

Monatsplanung

6 Monate vor dem Spielfest:

- Sprechen Sie jetzt **mögliche Partner** an: Jugend-, Kultur-, Umweltamt, Kirchen, Schulen, Kindergärten, Kinderhilfsorganisationen, Vereine, Verbände, Parteien, Werbegemeinschaften, Siedlungsgemeinschaften, Polizei, Verkehrswacht, Feuerwehr...

- Gewinnen Sie das **Stadtoberhaupt** und/oder andere städtische **Honoratioren** als Schirmherrn (Einladung zur Eröffnung aussprechen). Vielleicht besteht auch Interesse an einem Grußwort. Das kann durchaus zu Ihrem Vorteil sein oder dem Ortsteil helfen – Entscheidungen werden in lockerer Atmosphäre besser beeinflusst als durch Briefe oder monatelange Verhandlungen auf der Verwaltungsebene. Eine bindende Zusage für den Auftritt eines Politikers werden Sie aber in der Regel erst kurz vor der Veranstaltung bekommen.

- **KünstlerInnen** buchen (ggf. über Optionen, d.h. steht zu diesem frühen Zeitpunkt der Termin noch nicht genau fest, können die KünstlerInnen den Termin so lange frei halten, bis ein verbindliches anderes Angebot kommt), Verträge rausschicken. Fotos, Pressematerialien, Plakate usw. mitschicken lassen.

- Veranstaltung bei der **GEMA** anmelden, wenn musikalische Beiträge live oder als „Konserve" gespielt werden, da sonst u.U. überhöhte Strafgelder drohen.

- Ein **Spielmobil** ordern bzw. Kontakt zu Spielgeräteverleihern oder entsprechenden PartnerInnen aufnehmen (auch hier zu Ihrer Sicherheit: Verträge versenden bzw. Bestätigungen einholen).

- Mobile Bühne und Verstärkeranlage buchen.

3 Monate vor dem Spielfest:

- Spätestens jetzt müssen Sie **Verträge** mit KünstlerInnen und anderen PartnerInnen abschließen bzw. kontrollieren, ob bereits geschlossene Verträge unterschrieben zurückgekommen sind, bzw. ob Absprachen bestätigt wurden.

- **Plakate, Handzettel und Programmhefte** gestalten oder Gestaltung in Auftrag geben.

- Reservierung von Klebeflächen an Plakatwänden, Litfaßsäulen und städtischen Stellen.

- Bei einer Zusammenarbeit mit unterschiedlichen Partnern **Absprachen über Zuständigkeiten** treffen oder Bestätigungen einholen. (Vereinbarungen in Form eines Protokolls schriftlich fixieren.)

- Telefon-, Fax- und E-Mail-Liste aller Beteiligten erstellen und an die Partner verteilen.

- HelferInnen/Pädagogische BetreuerInnen/KollegInnen/Vereinsmitglieder/Eltern für eine aktive Beteiligung am Spielfest gewinnen.

- **Einsatzplan und Helferliste** für die pädagogischen BertreuerInnen erstellen. Ebenso eine Ersatzliste für krankheitsbedingte Ausfälle kurz vor dem Spielfest.

- **Ablaufplan erstellen.**

- **Programmfolge festlegen:**
  Beginn von Spielveranstaltungen sonntags erst ab 11.00 Uhr aufgrund der Wahrung der Kirchenruhezeiten.
  Veranstaltungen samstags in Vororten frühestens ab 14.00 Uhr. Im Innenstadtbereich während der Geschäftsöffnungszeiten von 10.00 bis 16.00 Uhr.
  Ende der Spielfeste 18.00, spätestens 19.00 Uhr.

- **Veranstaltungsplatz verplanen**
  (Wer bzw. was kommt wo hin).

  TIPP: Machen Sie sich eine möglichst maßstabsgerechte Skizze vom Veranstaltungsort und zeichnen Sie alle Spielgeräte, Aktionsstände und Verkehrswege bzw. Besucherströme ein!

- **Genehmigungen einholen:**
  1. beim Ordnungsamt,
     ggf. auch für Schankerlaubnisse für den Verkauf von Speisen (Gesundheitszeugnisse notwendig).

     ACHTUNG: Beim Einsatz von Verstärkeranlagen müssen diese gesondert angemeldet werden.
  2. bei der Polizei,
     ggf. zur Verkehrslenkung und zur allgemeinen Gefahrenabwehr.
  3. bei der Stadtreinigung,
     um die Reinigung der Spielflächen im Anschluss an das Fest zu gewährleisten (in der Regel kostenpflichtig), falls Sie das nicht selbst organisieren können/wollen.
  4. beim Straßenverkehrsamt,
     für Straßenverkehrslenkungsmaßnahmen (Sperrung von Straßen, Pläne zur Umleitung des Straßenverkehrs).
  5. beim Tiefbauamt,
     zur Bereitstellung und Anbringung, ggf. Abnahme von Straßenschildern, Sperrböcken (bei guten Verbindungen zum Tiefbauamt können die Schilder und Absperrböcke selbst abgeholt und angebracht bzw. aufgestellt werden – das verringert in der Regel Kosten.
  6. bei der Feuerwehr,
     zur Feststellung ausreichend breiter Rettungswege, Platz für Drehleitern u.a.

     TIPP: Freiwillige Feuerwehren beteiligen sich gerne an Spiel- bzw. Kinderfesten mit Spritzwänden, um so für Brandschutzmaßnahmen und für Nachwuchs zu werben. Auch diese Institutionen sollten Sie frühzeitig ansprechen, wenn Sie noch freie Termine finden wollen.
  7. beim Grünflächenamt,
     falls öffentliche Grünflächen benutzt werden.
  8. bei der Gesellschaft für den öffentlichen Nahverkehr,
     ggf. zur Umleitung von Bussen; u.U. auch um zu erreichen, dass mehr Busse zur Bewältigung der Besucherströme eingesetzt werden.

     TIPP: In der Regel verfügen die Verkehrsgesellschaften über Info-Mobile mit Fahrplancomputern und allerlei Info-Materialien und Verlosungsaktionen. Bei einer direkten Beteiligung am Spielfest lassen auch die Verkehrsgesellschaften besser mit sich reden.

     ACHTUNG: Das sollten Sie allerdings bereits im Oktober oder November des Vorjahres in die Wege leiten, da begehrte Wochenendtermine schnell ausgebucht sind.
  9. Rettungsdienst
     Bei größeren Veranstaltungen müssen Sie diesen anfordern (Rotes Kreuz, Malteser, Johanniter-Unfallhilfe o.a.). Die entstehenden Kosten müssen Sie als Veranstalter miteinplanen.
  10. Luftsicherungsbehörde
     Wenn Gasluftballons gestartet werden sollen, muss zusätzlich diese Behörde informiert werden.

  TIPP: Im Normalfall reicht ein formloser Antrag mit allen Informationen zur Veranstaltung, zum Ablauf und zum Programm beim Ordnungsamt – von dort werden alle anderen Beteiligten informiert und zur Stellungnahme und Genehmigung gebeten –

daraufhin wird (allerdings nur bei größeren Veranstaltungen) kurz vor dem Fest mit allen Beteiligten ein Ortstermin festgelegt, bei dem alle Probleme besprochen und in einem Protokoll niedergelegt werden, damit jeder darüber informiert ist, welche Maßnahmen für einen sicheren Ablauf des Festes getroffen werden.

2 Monate vor dem Spielfest

- **Werbung:** Spielfest im monatlichen Veranstaltungsprogramm des Ortes bekannt geben. Monatszeitschriften mit Veranstaltungstipps informieren. (Redaktionsschluss beachten!)
- **Aufbauplan** anfertigen und allen PartnerInnen zukommen lassen.

1 Monat vor dem Spielfest

- Kontrollieren Sie die eigenen Geräte bzw. Materialien. Defekte Teile austauschen, fehlende Materialien nachkaufen. Im Verwaltungsbereich heißt das: Bestellschein anfertigen lassen, ggf. Preisvergleiche einholen usw.
- Materialien und Geräte einkaufen bzw. rechtzeitig bestellen und liefern lassen.
- Den KünstlerInnen und Veranstaltungspartnern aber auch Ehrengästen, die von außerhalb kommen, einen Ablaufplan und eine Anfahrtsskizze schicken. Ggf. Park- bzw. Durchfahrtsausweise mitschicken.
  TIPP: Besprechen Sie das Durchfahrtproblem mit Polizei und Straßenverkehrsamt, da sonst u.U. die KünstlerInnen nicht zu ihrem Auftrittsplatz kommen oder möglicherweise abgeschleppt werden.
- Bei größeren Festen kann es sinnvoll sein, alle HelferInnen kurz vor der Veranstaltung einzuladen und eine genaue Aufgabenverteilung vorzunehmen. – Sitzungsort festlegen und/oder anmieten.
- HelferInnen und BetreuerInnen ggf. auch Park- und Durchfahrtausweise aushändigen bzw. zuschicken.

Wochenplanung

2 Wochen vor dem Spielfest

- **Werbung veranlassen**

  Spielfesthinweise für die Rubrik „Wochenendveranstaltungen" an die örtliche Presse geben. Für diese Meldung reicht der Name des Spielfestes, der Ort, die Uhrzeit (Anfang/Ende) und ggf. eine Besonderheit (Aktion oder KünstlerIn).

  Im Bereich größerer Verwaltungen finden regelmäßig einmal pro Woche Pressekonferenzen oder Pressegespräche statt. – Termin bei der Pressestelle einholen, ansonsten (gilt für Vereine und Verbände) bei größeren Veranstaltungen eine eigene Pressekonferenz organisieren. Dazu alle ortsansässigen und ggf. überörtlichen Medienvertreter einladen.

- **HelferInnentreffen durchführen**

  Ablaufpläne und Programminformationen in ausreichender Menge verteilen, damit alle HelferInnen Aussagen zum Programm machen können (denn die werden in erster Linie von der BesucherInnen gefragt).

  Legen Sie Einsatzpläne aus, damit sich die HelferInnen je nach Neigung oder Können für die entsprechenden Spielstände bzw. -angebote eintragen können. Die HelferInnen sollen auch Alternativspielstände eintragen, weil es sicherlich zu Mehrfachmeldungen kommen wird. Machen Sie allerdings darauf aufmerksam, dass Sie sich die letzte Entscheidung für den HelferInnen-Einsatz vorbehalten müssen.

  Vereinbaren Sie mit 2 bis 4 kräftigeren Helferinnen und Helfern, dass sie als Auf- und Abbaugruppe, je nach Größe der Veranstaltung bereits ein bis zwei Stunden vor dem Eintreffen der übrigen Betreuerinnen und Betreuer zum Einladen der Spielgeräte und Materialien am Lager bereitstehen sollten. Etwa dieselbe Zeit müssen Sie auch nach der Veranstaltung zum Einräumen in das Lager einkalkulieren. (Je nach Dauer der Veranstaltung könnte es ratsam sein, das Team für die Räumarbeiten im Lager mit anderen Helferinnen und Helfern zu besetzen – sonst kommen bei einem Acht-Stunden-Spielfest schnell 16 Stunden Arbeitszeit zusammen und das ist für viele eine zu große Anstrengung.)

- **Fahrzeug zum Transport besorgen**

  Mieten Sie sich ggf. ein Fahrzeug zum Transport von Spiel- und Informationsmaterialien. (Vorher klären: Gibt es Fahrzeuge von anderen Ämtern oder von PartnerInnen, die dafür zur Verfügung gestellt werden können?)

- **Funkgeräte organisieren**

  Funkgeräte ausleihen, ggf. anschaffen, damit Sie in der Aufbauphase und während des Spielfestes Kontakt zu den HelferInnen halten können und umgekehrt. (Sinnvoll bei großen, weitläufigen Spielfesten, um wichtige Meldungen schnell entgegen zu nehmen oder weitergeben zu können: Wenn sich Kinder verletzt haben; wenn das Material ausgeht; wenn der Helfer/die Helferin eine Ablösung braucht, usw.)

- **Plakate drucken**

  Druck (Kopie) von DIN-A3- bis -A2-Plakaten mit der Programmfolge.

- **Informationen weitergeben**

  Ggf. den RednerInnen Informationen über Sinn und Zweck der Veranstaltung, über Ziele und Erwartungen an die Besucher mitteilen. Wer aus dem eigenen Verband den oder die Vorsitzenden erwartet oder als städtische MitarbeiterIn z.B. den obersten Repräsentanten der Stadt eingeladen hat, wird in der Regel die Eröffnungsrede selbst schreiben müssen.

1 Woche vor dem Spielfest

- **Pressekonferenz**

Gemeinsam mit PartnerInnen die Medien ausführlich über die geplante Veranstaltung informieren. Stellen Sie sich auf Interviews örtlicher oder überörtlicher Rundfunk- oder Fernsehmedienvertreter ein. (Stichworte für das Interview mit den wichtigsten Informationen vorbereiten.)

TIPP: Halten Sie für alle Medien-VertreterInnen Informationen mit den wichtigsten Programmpunkten und Zielen der Veranstaltung bereit. Zusätzlich Fotos und Texte von KünstlerInnen oder über andere Highlights.

- **AnwohnerInnen**

informieren, die im Bereich des Spielfestes wohnen, und für Unannehmlichkeiten und Einschränkungen um Verständnis bitten.

TIPP: Laden Sie die AnwohnerInnen persönlich zur Teilnahme am Spielfest ein.

- **Wetter**

Kümmern Sie sich ums Wetter (Fragen Sie beim örtlichen Wetteramt nach oder schauen Sie ins Internet: Je nach Aussicht können Sie jetzt noch für Ersatzspielorte oder ausreichend Regenschutz sorgen oder bei ganz schlechter Aussicht das Spielfest ggf. sogar absagen.

- **Falls Sie eine Rallye planen:**

Strecke abgehen; Veranstaltungsort inspizieren; Beschreibung der Rallye vervielfältigen. (Es hat wenig Sinn, die Rallye schon einige Zeit vorher zu planen, da sich ganz kurzfristig Änderungen auf der Rallye-Strecke ergeben können, z.B. Tagesbaustellen, Schilder werden abmontiert usw.

Deshalb gilt: so kurz vorher planen wie möglich, um die Kinder nicht in die Irre zu führen)

Tagesplanung

1 Tag vor der Veranstaltung

- Alle Beteiligten noch einmal per Telefon oder E-Mail über den letzten Stand informieren und an die Veranstaltung erinnern!
- Packen der Fahrzeuge und Anhänger.
- Verliehene Spielgeräte noch einmal überprüfen, ggf. säubern (lassen).
- Bei dem Fest auf einer Straße spätestens jetzt die AnwohnerInnen informieren, u.U. mit der Bitte Autos am nächsten Tag nicht im Spielbereich zu parken. (Mit dem Hinweis, dass für Beschädigungen keine Haftung übernommen werden kann.)

Am Veranstaltungstag

3 – 4 Stunden vor Beginn des Spielfestes:

- Treffen der Aufbaugruppe je nach Größe des Spielfestes (und damit nach Aufbauintensität) früher oder später. Alle festen Elemente wie Bühne einschließlich Verstärkeranlage, Stände, Spielanhänger, Hütten usw. zuerst aufbauen, anschließend die Tische und Bänke, Pavillons, Sonnenschirme und die Infotafeln, dann die Spielstände mit den Geräten und Materialien zuordnen.
- Einen Stand als Infostand und als Anlaufstelle für die BetreuerInnen kenntlich machen. Er gehört zweckmäßigerweise neben die Bühne, da die Leitung ggf. regelmäßig zwischen Infostand und Bühne hin und her pendelt. Außerdem ist die Ankündigung „Infostand neben der Bühne" für alle als Orientierung hilfreich, z. B. wenn Kinder

oder Eltern gesucht werden, KünstlerInnen von außerhalb sich orientieren müssen, usw.

1 Stunde vor Beginn des Spielfestes

- Besetzung der Spielstände mit HelferInnen. (Ggf. muss jetzt noch Ersatz für erkrankte BetreuerInnen besorgt und bei größeren und auch länger andauernden Spielfesten ein Pausen- bzw. Ablöseplan auf den neusten Stand gebracht werden, der zudem berücksichtigt, dass BetreuerInnen, die an anstrengenden Spielständen eingesetzt sind, nach einer gewissen Zeit mit anderen tauschen, die an ruhigeren Spielständen arbeiten. Für diese Aufgabe sollte ein Betreuer/ eine Betreuerin als Organisator bestimmt werden. Der versorgt außerdem die HelferInnen mit Getränken, evtl. Essen und sorgt für Materialnachschub.)

TIPP: Die BetreuerInnen sind besser als solche zu erkennen, wenn sie einheitliche T-Shirts, Käppis oder Schals – in möglichst auffälliger Farbe – tragen. (Die müssen Sie vor dem Spielfest rechtzeitig in ausreichender Menge und in den geeigneten Größen besorgen und am Veranstaltungstag bereit halten.) Ebenso ist ein Namensschild ratsam, um sich den Besuchern und insbesondere den Kindern bekannt zu machen.

- An alle Spielstände deutlich sichtbar Programmablaufpläne aufhängen. (Denken Sie dafür an Heftzwecken oder Klebestreifen.)
- Mit allen KünstlerInnen und Gästen und falls engagiert mit dem/der Moderator/in den letzten Stand zum Programmablauf besprechen. Geben Sie dem Moderator eine Namens- und Gästeliste und eine Zusammenstellung aller am Spielfest Beteiligten, die ggf. vorgestellt werden müssen oder bei denen Sie sich mindestens für ihr Engagement bedanken wollen.

Das Spielfest

WICHTIG: Versuchen Sie möglichst alle angekündigten Zeiten einzuhalten: Dazu gehört insbesondere die Anfangszeit und das Spielfestende, aber natürlich auch die angekündigten Zeiten für bestimmte KünstlerInnen oder Verlosungen bzw. Preisverleihungen.

- Gehen Sie pünktlich zu Beginn des Spielfestes mit dem Moderator auf die Bühne: Lassen Sie sich kurz zu den Hintergründen des Spielfestes interviewen und überlassen Sie dann dem Moderator alles Weitere: Begrüßung der SpielfestteilnehmerInnen, Vorstellung der Gäste und Danksagung an alle Beteiligten. Ggf. überleiten zu den Grußworten der offiziellen RepräsentantInnen.
- Anschließend Ankündigung der ersten Künstlerin bzw. der ersten Aktion.
- Danach erster Rundgang über das Spielfest mit den „Offiziellen" (PolitikerInnen und RepräsentantInnen der Partnerorganisationen, usw.)
- Im Laufe der Veranstaltung sollte der Moderator zwischen den Auftritten der KünstlerInnen kurz alle Spielstände vorstellen und ggf. von der Bühne herunter selbst Angebote für Großgruppen, wie Schwungtuchspiele usw., anleiten.
- Nicht alles kann vorher geplant werden, vor allem nicht, ob die Angebote beim Publikum ankommen. Deshalb müssen Sie als SpielfestleiterIn die Reaktionen der BesucherInnen beobachten und darauf achten, ob alle Spiele, bzw. Spielgeräte von den Kindern angenommen werden oder ob es Leerläufe gibt. Möglichst alternative Angebote bereit halten oder z. B. die BetreuerInnen zu mehr Animation anhalten.
- Nie sollte ein Spielfest damit enden, dass die Spiel-BetreuerInnen die Kinder mehr oder weniger mit Gewalt von den Spielen bzw. von den Spielgeräten trennen müssen. Beenden Sie daher das Spielfest mit einer Spielaktion, an der alle Kinder beteiligt sind. In dieser Zeit können die SpielbetreuerInnen die Geräte und Materialien einräumen.

Es kann auch ein für die Kinder „passiver" Schlusspunkt gesetzt werden: mit Musik, Kindertheater, Puppentheater oder Kinderzirkus.

Das Spielfest ist zu Ende

- Spätestens nach der offiziellen Beendigung des Spielfestes beginnen die Betreuer mit dem Einräumen der Spielgeräte, der Materialien und der Hilfsmittel. Es ist allerdings auch möglich und wie bereits beschrieben, manchmal sogar sinnvoll, bereits kurz vor Schluss des Spielfestes die Spielgeräte einzupacken – dann nämlich, wenn alle Kinder ein gemeinsames Abschlussspiel machen oder auf der Bühne ein Kinderliedersänger, Puppenspieler, Theater oder Kinderzirkus eine Abschlussvorstellung bietet. Dann sollten, wenn dieser Auftritt beendet ist, möglichst alle Spiele weggepackt und das Spielfest tatsächlich beendet sein.
- Nach dem Spielfest sollten alle BetreuerInnen unbedingt angeben, wo Probleme lagen („Manöverkritik"), welche Materialien ausgegangen sind, was zerstört wurde usw., damit entsprechende Abhilfe geschaffen werden kann, um für das nächste Spielfest alle Geräte und Spielmaterialien wieder einsatzbereit zu haben.
- Bei professionellen Veranstaltern folgt die Abrechnung des Spielfestes und die Auszahlung der Helferentschädigungen für die SpielbetreuerInnen und die Gage(n) für die KünstlerInnen.

- Nachdem die Spiele und Spielgeräte verpackt wurden, sollten noch einmal alle gemeinsam den Veranstaltungsplatz inspizieren, ob auch keine Spielmaterialien oder Geräte liegen gelassen wurden. Häufig findet man kleinere Zubehörteile von Spielen in angrenzenden Grünanlagen.

- In der Regel gehört es auch zu den Aufgaben der Spielfestverantwortlichen und BetreuerInnen den Platz zu säubern, Abfall aufzusammeln und in Mülltonnen oder Müllsäcken zu verpacken. Es sei denn, für diesen Zweck wurde die Stadtreinigung beauftragt. (s. a. „3 Monate vor dem Spielfest" S. 13). Halten Sie dafür ausreichend Müllsäcke bereit, ebenso Müllzangen und/oder Handschuhe. Lassen Sie die Müllsäcke an einen mit der Müllabfuhr vereinbarten Sammelplatz bringen, so könnte die Müllabfuhr u.U. kostenlos sein. Das müssen Sie aber vorher mit der Stadtreinigung vereinbaren.

TIPP: Sie können aber auch die Müllsammelaktion offiziell in das Spielprogramm mit einbauen. Schicken Sie am Schluss des Spielfestes die Kinder, die sich daran beteiligen möchten, mit Handschuhen, Müllzange und Müllbeuteln über den Spielfestplatz und lassen den Müll einsammeln. Aber auch hier Vorsicht: Sagen Sie den Kindern, dass sie keinen undefinierbaren Abfall aus dem Unterholz oder aus den Büschen sammeln sollen. Dort liegen gerne Autobatterien und andere gefährliche Abfallstoffe, mit denen Kinder nicht in Berührung kommen sollten. Gleichwohl können Sie sich von den Kindern informieren lassen, wenn derartiger Müll herumliegt, damit Sie die Stadtreinigung informieren können.

Geben Sie den Kindern ca. 15 Minuten Zeit. Anschließend dürfen die Kinder „ihren" Müll selbst wiegen. Wer den meisten Müll (den schwersten Müllsack) abliefert, bekommt eine Belohnung.

- Wenn Ihre Spielbusse oder -anhänger nicht auch gleichzeitig die Lagerräume für die Spielgeräte sind, müssen nun noch die Spielgeräte und Spielmaterialien ins Lager transportiert und dort eingepackt werden. Zusätzlicher (zeitlicher) Aufwand kommt hinzu, wenn die Spielgeräte während der Veranstaltung nass geworden sind und für den nächsten Einsatz zum Trocknen im Lagerraum ausgebreitet werden müssen.

- Wenn Sie Spielkisten bei entsprechenden Firmen oder Vereinen geliehen haben, müssen diese am nächsten oder übernächsten Tag wieder abgegeben werden; d.h. zurücktransportiert oder zur Post gebracht werden. Auch dafür benötigen Sie u.U. HelferInnen, ein Transport- und/oder Zugfahrzeug und etwa zwei Stunden Zeit.

Die fünf Spielkisten –
Grundausstattung für Spielaktionen und Spielfeste

Nachfolgend sind fünf Spielkisten (Spielaktionen) mit Spielgeräten, -materialien und Spielen zusammengestellt, die sich für die unterschiedlichsten Spielfeste eignen.

Bedenken Sie bei allen vorgestellten Möglichkeiten, dass ein Mehr an Aktivitäten nicht unbedingt ein besseres Spielfest ausmacht – aber in jedem Fall mehr HelferInnen und BetreuerInnen eingeplant werden müssen!

Sie werden feststellen, dass ein Überangebot den Kindern gar nicht gut tut.

Wenn die Kinder das Spielfest überschauen und an allen für sie interessanten Spielaktivitäten teilnehmen – sich also ausspielen – können, dann ist das allemal besser, als wenn die Kinder vor dem Überangebot von Spielen nicht wissen, wo sie zuerst hinrennen sollen – aus Angst, irgendetwas verpassen zu können.

Wählen Sie also mit Bedacht die Spielaktionen aus und berücksichtigen Sie dabei, dass Sie sowohl Bewegungsspiele als auch Kreativspiele einsetzen, dass Sie Gruppen- und Einzelspiele anbieten, etwas für Kinder unter 2 und über 13 Jahren dabei haben und auch Spiele organisieren, bei denen die Kinder zur Ruhe kommen und sich auf ein Angebot konzentrieren können.

Die angegebenen Zeiten sind nur grobe Richtwerte – sie resultieren allerdings aus den Erfahrungen vieler Spielfeste.

TIPP: Die beschriebenen Spielkisten können Sie mit den Jahren selbst nach und nach zusammenstellen oder Sie nutzen die Angebote der großen Spielgeräteversandhäuser, die mittlerweile fast alle auch so genannte Spielkisten im Verleih haben. Wenn Sie damit allein auch keine großen Spielfeste gestalten können, so bieten diese Spielkisten dennoch eine gute Abwechslung in Ihrem Spielprogramm.

Die Namen und Adressen der Verleihfirmen sind im Anhang aufgeführt.

Spielkiste 1

Spiele für Viele auf Wiesen, in Parkanlagen, am Strand

Geeignete Zeiten:

wochentags:	von 14.00 bis 18.00 Uhr
samstags	von 10.00 bis 14.00 Uhr
	von 10.00 bis 16.00 Uhr
	von 10.00 bis 18.00 Uhr
	von 14.00 bis 17.00 Uhr
sonntags:	von 11.00 bis 18.00 Uhr
	von 13.00 bis 18.00 Uhr

Besucherzahlen: ca. 1000 bis 40 000 (im Laufe des Veranstaltungstages)

HelferInnen: 6 – 10

Spielzeit: 3 – 8 Stunden

Material: (Beschreibungen ab S. 26)
1 großes Luftkissen, 1 Luftschlange, 3 Schwungtücher, Netz oder Leine für Spiele wie Völkerball, Beachball, Federball einschließlich der entsprechenden Pfosten, 5 Paar Stelzen, 10 Paar Bandstelzen, 2 Pedalos, 2 Paar Sommerskier, Wurfspiele (Ringewerfen, Wurfbaum), alle Spielangebote für den „Sternparcours" (S. 79), 2 moon-cars einschl. der Markierungshütchen, 1 Kriechtunnel, 1 Softtonne und 1 Softhaus, 3 Kullerkegel, Riesenbausteine, Kleinkinderspielecke (Bauteppich, usw.), Malstraße, Papiertütenmasken, Woll-Labyrinth, 1 Riesenball, 1 Riesenmikado, Werkzeugkiste und Ersatzmaterialien

Programmgestaltung:

- Erkundungsrallye zum Kennenlernen des Veranstaltungsumfeldes
- Schwungtuchaktionen
- Freies Spiel, bei dem sich die Kinder allein oder mit Freunden mit den Einzelangeboten beschäftigen können
- Abschluss:
  Theater oder Zirkus
  Livemusik mit Kinderliedern
  Großgruppenspiele mit dem Riesenball, Fallschirmen, dem Riesenmikado-Stabspiel usw.

Spielkiste 2

Spiele auf Straßen, Schulhöfen, Marktplätzen, Parkplätzen usw.

Geeignete Zeiten:

wochentags: von 10.00 bis 13.00 Uhr
(Schule und Kindergarten)
von 14.00 bis 17.00 Uhr
samstags: von 14.00 bis 17.00 Uhr
(19.00 Uhr)
sonntags: von 13.00 bis 17.00 Uhr

Besucherzahlen: ca. 500 bis 2000

HelferInnen: 4 – 6

Spielzeit: 3 – 5 Stunden

Material: (Beschreibungen ab S. 26)
2 moon-cars, 2 moon-cross-Räder, 2 Pedalos, 1 Riesenmikado, 1 Klingelspiel, 1 großes Wasserkanalspiel, 2 Schwungtücher, 1 mittleres Luftkissen, 3 Kullerkegel, 2 Balancierscheiben, 1 Satz Riesenbausteine, 1 Softtonne und 1 Softhaus, 2 Paar Sommerskier, Malstraße, Papiertütenmasken, Wurfspiele (Ringewerfen, Wurfbaum, Dosenwerfen), Hüpfkästchenspiele, Straßenspiele, Woll-Labyrinth, Werkzeugkiste und Ersatzmaterialien

Programmgestaltung:
- Stadtteilrallye;
- Großgruppenspiele;
- Schwungtuchaktionen;
- Freies Spiel mit den Einzelangeboten;
- Gemeinsamer Spielfestabschluss mit Kinderliedern, Straßenspielen und ggf. noch einmal Schwungtuchspielaktionen, Vorstellung besonderer Papiertütenmasken usw.

Spielkiste 3

Spiele für Vereinsfeste

Geeignete Zeiten:

freitags: von 15.00 bis 18.00 Uhr
samstags: von 14.00 bis 17.00 Uhr
sonntags: von 14.00 bis 17.00 Uhr

Besucherzahlen: ca. 500 bis 1000

HelferInnen: 5

Spielzeit: 3 Stunden

Material: (Beschreibungen ab S. 26)
1 moon-car, 1 kleines Luftkissen (5 x 5 m), 1 Schwungtuch, 1 kleines Wasserkanalspiel, 2 Pedalos, 5 Paar Stelzen und 5 Paar Bandstelzen, Zauber- und Zirkusspiele (2 Diabolo, 5 Tellerspiele, 10 Jonglierbälle, -ringe und -tücher), Taue (Kreuz- und Rundtau), Geschicklichkeitsspiele (5 Säcke zum Sackhüpfen, 5 Löffel und Eier zum Eierlaufen), Wurfspiele (Ringewerfen, Wurfbaum, Dosenwerfen), Kostüm- und Schminkkiste, 1 Softtonne und 1 Softhaus, 1 Kriechtunnel, Malstraße, Papiertütenmasken, Woll-Labyrinth, Werkzeugkiste und Ersatzmaterialien

Programmgestaltung:
- Kennenlernspiele;
- Schwungtuchaktionen;
- Freies Spiel mit den Einzelangeboten;
- Einüben von Zirkusnummern (Jonglieren mit Seidentüchern, Balancieren, Seilchenspringen, Reitspiele, usw.);
- Gemeinsamer Spielfestabschluss mit dem Auftritt der Kinder als Zirkus- oder VarietékünstlerInnen.

Spielkiste 4

Spiele in Schwimmbädern, bei Sportfesten oder in Veranstaltungshallen

Geeignete Zeiten:

wochentags: von 10.00 bis 13.00 Uhr
von 14.00 bis 16.00 Uhr
samstags: von 13.00 bis 18.00 Uhr
sonntags: von 13.00 bis 18.00 Uhr

Besucherzahlen: ca. 300 bis 2000

HelferInnen: 5

Spielzeit: 3 – 5 Stunden

Material: (Beschreibungen ab S. 26)
1 kleines Luftkissen, 1 Luftrolle, 2 Schwungtücher, 1 Klingelspiel, 10 Gesellschaftsspiele, 2 Wurfspiele, Großgruppenspiele, 1 Sternparcours, 2 Kugellabyrinthe, 1 Riesenmikado, 1 Kriechtunnel, Malwände, Papiertütenmasken, Stoffdruck, Stoffmalerei (T-Shirts, Taschen, Kappen), Werkzeugkiste und Ersatzmaterialien

Programmgestaltung:
- Bastelangebote;
- Gesellschaftsspiele-Wettbewerb;
- Freies Spiel, bei dem sich die Kinder allein oder mit Freunden mit den Einzelangeboten beschäftigen können;
- Gemeinsamer Abschluss mit Sportvorführungen, Tanzgruppen, LiedersängerIn oder Schwungtüchern.

Spielkiste 5

Spiele für Kleingruppen, für Spielfeste auf Ferienfreizeiten, Stadtranderholungen oder Klassenfahrten

Geeignete Zeiten:

wochentags: von 15.00 bis 18.00 Uhr
samstags: von 10.00 bis 13.00 Uhr
von 14.00 bis 17.00 Uhr
sonntags: von 14.00 bis 17.00 Uhr

Besucherzahlen: ca. 50 bis 300

HelferInnen: 5 – 10

Spielzeit: 3 – 8 Stunden

Material: (Beschreibungen ab S. 26)
wie in Spielkiste 4
zusätzlich: Gymnastikspielgeräte wie Ringe, Bälle, Bänder; 2 Paar TT-Platten, Kostüme, Masken, Schwungtücher, 2 Kullerkegel, 2 Hüpfbälle, Werkzeugkiste und Ersatzmaterialien

Programmgestaltung:
- Erkundungsrallye für jeweils 2 – 3 Kinder;
- Kennenlernspiele mit dem Schwungtuch, dem Riesenmikado-Stabspiel;
- Freies Spiel, bei dem sich die Kinder allein oder mit Freunden mit den Einzelangeboten beschäftigen können;
- gemeinsamer Abschluss: Großgruppenspiele mit dem Riesenball, mit Schwungtüchern, o. Ä. oder Kommunkationsspiele wie Menschenbauspiel, Gordischer Knoten, Schoßsitzen, Spiegelpantomime. (Spielebeschreibung siehe Seite 43)

Spielfestspiele von A – Z
von Aktionsspielhaus bis Zerrspiegel

Die folgenden Spiele und Spielaktionen eignen sich für Spielfeste aller Art.

Es sind die z. Z. gängigsten Spielgeräte und Aktionen in alphabetischer Reihenfolge vorgestellt:

- mit Spielregeln, dem Material- und Platzbedarf, der Anzahl und dem Alter der mitspielenden Kinder und der Zahl der benötigten BetreuerInnen..
- mit Angaben zur Art des Spielangebotes: Kreativ- oder Bewegungsspiel, Spiele für einzelne Kinder oder für zwei bzw. für eine ganze Gruppe, Wettkampfspiele und Angebote für ruhige Spielphasen
- mit Hinweisen ob das Spiel zu kaufen, leihen oder selbst herzustellen ist.

Im Anhang werden alle Spiele noch einmal für eine schnelle Zusammenstellung eines Spielfestes unter den gerade genannten Rubriken aufgelistet. Dort finden Sie auch eine Liste mit Materialien und Werkzeugen, die für einen reibungslosen Ablauf eines jeden Spielfestes notwendig sind.

Stellen Sie sich die Spielangebote nach Ihren Bedürfnissen und Möglichkeiten zusammen.

Sie können ein Spielfest z. B. mit Kreativspielen gestalten. Suchen Sie sich dazu einige unterschiedliche Kreativangebote aus der Auflistung heraus.

Laden Sie dazu zusätzlich örtliche KünstlerInnen ein oder arbeiten Sie mit den Kunstlehrerinnen oder Kunstlehrern der umliegenden Schulen zusammen.

Im Gegensatz dazu passt eine reine „Bewegungsbaustelle", die aus allen möglichen Geräten zusammen gestellt werden kann. Eine gute Gelegenheit, um Kinder zu mehr Bewegung anzuleiten. Die meisten Materialien können bei den örtlichen Sportvereinen ausgeliehen werden.

Wie die im Folgenden beschriebenen Aktivitäten in kleine und große Spielfeste integriert werden können, wird im Kapitel „Beispielhafte Spielfeste" (ab S. 91) beschrieben.

Nutzen Sie die Internet-Adresse im Anhang um Ihre eigenen Erfahrungen bei der Spielfestgestaltung mitzuteilen und um sich über Neuigkeiten zu informieren.

Noch einmal:

- Ein Spielfest sollte vielseitig, bunt und abwechslungsreich sein.
- Es sollte Angebote für alle Altersgruppen bereit halten und so aufgebaut sein, dass es allen Beteiligten – Kindern, Eltern und den BetreuerInnen – Spaß macht an dem Fest mitzuwirken.
- Es kommt auf die richtige Mischung der Angebote und auf einen spannungsreichen Ablauf des Spielfestes an.

Beschreibung der Spiele und Spielaktionen

A

Aktionsspielhaus

SpielerInnen: 10 – 20 gleichzeitig	Alter: ab 3 Jahren	BetreuerInnen: 1	Platzbedarf: 20 qm
Spielart: Bewegung/ Geschick- lichkeit (Kreativspiel)	Spielform: Gruppenspiel Einzelspiel	Spielort: drinnen draußen	Anschaffung: kaufen selbst herstellen
Material: Holzwürfel, mit den Grundmaßen 1,35 x 1,35 m, 1,50 m hoch (hergestellt in einer Behindertenwerkstatt)			

Ich beginne ganz bewusst mit der Beschreibung dieses Aktionsspielhauses. Ich habe häufig Räume selbst so ähnlich gestaltet: den Spielbus, Pavillons, Zelte, Anhänger und nun hat einer der großen Spielgerätevertriebe dieses Aktionsspielhaus ins Programm genommen, so dass es jetzt als zentraler Mittelpunkt z.B. eines Spielfestes, aber auch eines Kindergartens, einer Schule oder Jugendfreizeithauses angeschafft werden kann. Es kann aber auch für eine Kinderspielecke in einem Verwaltungsgebäude oder in einem Einkaufszentrum eingesetzt werden.

Ein Aktionshaus hat vieles von dem, was gutes spielen ausmachen sollte:
Es ist abwechslungsreich gestaltet und die Angebote sind spannend, erfordern Geschicklichkeit und Ausdauer; wecken Interesse, Neugierde und es gibt genügend Elemente, die sich bewegen und sich befühlen lassen.

An einer Wand befindet sich halb versteckt eine überdimensionale Kugelbahn; an einer anderen Wand kann mit Schlauchtelefonen telefoniert werden.

Das Haus ist bunt, natürlich aus Holz; es hat einen Rückzugsraum mit einer beleuchteten Sternenüberdachung und Spielmatten auf dem Boden.

Mit Musikklängen und Lichtspielen kann zusätzlich ein Raum der Sinne geschaffen werden. An den Rollstuhl gefesselte Kinder können das Aktionsspielhaus ebenso benutzen, wie gesunde Kinder.

Angelspiel

SpielerInnen: bis 5 gleichzeitig	Alter: 5 – 14 Jahre	BetreuerInnen: 1	Platzbedarf: ca. 20 qm
Spielart: Bewegung/ Geschick-lichkeit (Kreativspiel)	Spielform: Gruppenspiel Einzelspiel	Spielort: drinnen draußen	Anschaffung: kaufen leihen selbst herstellen
Material: große Betonmischfass, 5 Angeln (2 m lange Bambusstangen mit Schnüren und Haken); (Holz-)Fische, Schuhe, Spielzeug, usw., alles mit einer großen Öse versehen			

Die Tonne steht auf einem ebenen Grund und darin verteilt sind die zu angelnden Gegenstände. Um das Fass werden 5 Standorte markiert, auf denen die Kinder stehen sollen, ohne in das Fass hinein sehen zu können.

Ab dem Startsignal versuchen nun die Kinder gleichzeitig so viele Gegenstände wie möglich aus dem „Wasser" zu angeln. Wer nach einer vorher festgelegten Zeit (3 – 5 Minuten) die meisten „Fische" geangelt hat, ist Angelkönig.

Applikationen

SpielerInnen: 5 – 10 gleichzeitig	Alter: ab 5 Jahre	BetreuerInnen: 1	Platzbedarf: ca. 10 qm
Spielart: Kreativspiel	Spielform: Einzelspiel	Spielort: drinnen draußen	Anschaffung: kaufen sammeln selbst herstellen
Material: Stoffe, Stoff-, Leder- und Wollreste, Knöpfe, Kordeln usw., 30 Pappen (30 x 30 bis 50 x 50 cm), 10 Scheren, 10 Bleistifte, Tacker, Klebstoff in 5 kleinen Tuben bzw. Flaschen verteilt, 1 – 2 Tische und 2 – 4 Bänke			

Ein einfaches, kostengünstiges aber ebenso effektvolles Kreativspiel. Hierbei schneiden die Kinder Muster, Figuren oder Formen aus Stoff- und Lederresten und kleben sie mit verschiedensten Materialien wie Knöpfen, Wollresten, Ästen, Dosen usw. zu einer Collage zusammen.

Zunächst wird auf eine ca. 30 x 30 bis 50 x 50 cm große Pappe ein Grundstoff aufgeklebt oder getackert und anschließend können kleine Stoffstücke und die anderen Materialien darauf geklebt werden.

B

Balancierbalken, Balancierleitern

SpielerInnen:	Alter:	BetreuerInnen:	Platzbedarf:
1	ab 3 Jahre	1	ca. 16 qm
Spielart: Bewegung/ Geschick-lichkeit	**Spielform:** Einzelspiel	**Spielort:** drinnen draußen	**Anschaffung:** kaufen leihen selbst herstellen
Material: 1 langer oder mehrere kurze Balancierbalken zum Ineinanderstecken, ggf. 2 Balancierleitern			

Der Balancierbalken ist ein Spielgerät, an dem Kinder testen können, wie gut ihr Balanceverhalten ist. Übrigens eine der wichtigsten Voraussetzungen für das Fahrrad fahren. Und eine gute Möglichkeit für Eltern zu sehen, ob sie dem Kind schon ein Fahrrad kaufen oder sich damit besser noch ein wenig Zeit lassen sollten.

Balancierbalken gibt es in verschiedenen Variationen und Längen. Es reicht, wenn ein 2 Meter langer Balken allein aufgestellt wird oder mehrere kurze zu einer Balancierstrecke zusammengebaut werden.
Balancierbalken können auch gut in den Sternparcours (Seite 79) mit eingebaut werden.

Balancierbalken selbst herstellen

Dazu können die entsprechenden Balken (9 x 9 cm) z. B. als Zaunpfosten im Gartenzubehör oder im Baumarkt gekauft werden. Der Balken kann erhöht werden und besitzt so eine bessere Auflage, wenn kurze Stützbalken diagonal darunter geschraubt werden.

Balancierscheiben

SpielerInnen:	Alter:	BetreuerInnen:	Platzbedarf:
1 – 3 gleich-zeitig	ab 3 Jahre	1 (gelegentlich)	25 qm
Spielart: Bewegung/ Geschick-lichkeit	**Spielform:** Gruppenspiel Einzelspiel	**Spielort:** drinnen draußen	**Anschaffung:** kaufen leihen
Material: 2 bis 3 Balancierscheiben mit unterschiedlichen Durchmessern			

Balancierscheiben mit den unterschiedlichen Durchmessern gehören unbedingt in das Bewegungsangebot eines Spielfestes.
Die Balancierscheiben locken Kinder wie Erwachsene ohne viel Animation auf die an der Unterfläche halbrunden Scheiben, um allein oder zu zweit und sogar zu dritt die Balance zu halten.

Bandstelzen/Laufdollis

SpielerInnen:	Alter:	BetreuerInnen:	Platzbedarf:
1 Kind pro Stelzenpaar	4 – 10 Jahre	1	ca. 10 qm
Spielart: Bewegung/ Geschick-lichkeit (Kreativspiel)	**Spielform:** Gruppenspiel Einzelspiel	**Spielort:** drinnen draußen	**Anschaffung:** kaufen leihen selbst herstellen
Material: ca. 10 Paar Bandstelzen			

Auf Bandstelzen zu laufen ist nicht so schwierig wie auf Stelzen, es ist aber eine gute Vorübung dazu. Daher eignen sie sich auch eher für jüngere Kinder.
Die Kinder stellen sich auf die Dosen oder Holzklötze, nehmen die Bänder in die Hände und ziehen sie stramm. Nun können sie laufen, als hätten sie Schuhe mit hohen Absätzen an.
TIPP: Bandstelzen können in einen Hindernis- oder Sternparcours (s. S. 79) eingebaut werden.

Bandstelzen zum Selbermachen aus Konservendosen

(als Kreativangebot beim Spielfest)

Material: ca. 30 Dosen (Gemüse-, Obstdosen, 12 cm hoch, ca.10 cm Durchmesser), 1 Halteschnur pro Dose (65 cm lang), Papier und Klebstoff oder Farbe und Pinsel, Dosenöffner zum Einschlagen der Löcher, Flachzange und Feilen zum Entgraten der Deckelreste, Hammer, 1 Tisch, 2 Bänke, Werkzeug

Mit leeren Konservendosen und einer dicken Schnur können Bandstelzen leicht selbst hergestellt werden:
In die Dosen, etwas oberhalb des Bodens, gegenüberliegend zwei Löcher bohren. Durch diese Löcher die dicke Schnur ziehen und im Inneren der Dose verknoten. Die so entstandene Schlinge sollte so lang sein, dass sie etwa bis zur Hüfte der Kinder reicht.
Die Stelzen mit buntem Papier bekleben oder mit Farbe und Pinsel verschönern lassen.

ACHTUNG: Unbedingt darauf achten, dass die Auftrittsflächen der Dosen groß genug sind, damit die Kinder nicht umknicken können.

Bandstelzen zum Selbermachen aus Holz

(als Kreativangebot beim Spielfest)

Material: 30 Massivholzstücke (10 x 10 cm oder 10 x 8 cm für die Trittfläche, 15 cm lang), Ringösen ggf. Bohrmaschine (mit Bohrer, Ø 10 mm, 15 cm lang), Halteschnur, 1 Tisch, 2 Bänke, Werkzeug

In zwei Holzstücke jeweils zwei Ringösen einschrauben und die Halteschnüre anknoten. Oder mit einer Bohrmaschine etwa 3 cm unter der Trittfläche ein Loch durch das Holzstück bohren, um das Band dort durchzustecken. Jetzt nur noch das Band zusammenknoten und fertig ist die Bandstelze aus Holz.

Basketballkorbständer

SpielerInnen: bis 5 gleichzeitig	Alter: ab 3 Jahre	BetreuerInnen: 1 (gelegentlich)	Platzbedarf: ca. 9 qm
Spielart: Bewegung/ Geschicklichkeit	Spielform: Gruppenspiel Einzelspiel	Spielort: drinnen draußen	Anschaffung: kaufen leihen
Material: 1 Basketballanlage (Höhe 2,30 m) mit 5 zerlegbaren Ballkörben (Durchmesser: 38 cm), 10 Basketbälle, Begrenzungsseile			

Wer ein guter Basketballspieler werden will, kann bei diesem Spielangebot schon früh anfangen zu üben.
An dieser Basketball-Anlage, (die ich bisher nur bei Wehrfritz gesehen habe) gibt es fünf Körbe, die in unterschiedlichen Höhen ineinander gesteckt und mit Klemmschrauben befestigt werden, so dass gleichzeitig fünf Kinder unterschiedlicher Größe und unterschiedlichen Alters daran spielen können. Die dazu gehörenden Bälle finden in dem Bodenständer Platz (Durchmesser 95 cm).

Dieses Spiel kann als Ausscheidungsspiel eingesetzt werden, es eignet sich aber genauso gut für ein freies Angebot, das ohne jede Betreuung auskommen kann.

Bauchladen

SpielerInnen:	Alter:	BetreuerInnen:	Platzbedarf:
ca. 5 gleich-zeitig	ab 2 Jahre	1	keiner
Spielart:	**Spielform:**	**Spielort:**	**Anschaffung:**
Bewegung/ Geschick-lichkeit Kreativspiel	Gruppenspiel Einzelspiel	drinnen draußen	kaufen (Einzelteile) selbst herstellen

Material:
1 Bauchladen, aus einer Obstkiste selbst gebastelt, mit einem Tragriemen und mit bunten Tüchern ausgeschlagen, mit kleinen Geschicklichkeitsspielen; Luftballons (und Handpumpe zum Aufblasen), Handpuppen; einem Sammelsurium aus Knöpfen, Korken, Büroklammern, Puzzleteilen, zu denen Geschichten erzählt werden können; Musikinstrumente (Rasseln, Cimbeln, Schlaghölzer, Schellenringe, usw.)

Mit einem Bauchladen ist ein schneller Zugang zu den Kindern garantiert, weil mit dieser Krimskramskiste ganz sicher ihre Neugierde geweckt wird. Alle wollen sehen, was in der Kiste zu finden ist.

Zu diesem Bauchladenspiel gehört unbedingt die richtige Verkleidung: Ein Clownskostüm passt ebenso dazu wie ein Frack und ein Zylinderhut. So schlendert der oder die Betreuerin mit dem Bauchladen über das Spielfest, bleibt ab und zu stehen, verteilt Luftballons, die gerade aufgeblasen wurden. Die Kinder wollen aber auch gerne ihren Luftballon selbst aufblasen. Also bekommen sie Luftballon und Blasgerät überreicht und können es selbst versuchen.

Die Kinder probieren kleine Geschicklichkeitsspiele aus oder setzen Mini-Puzzles zusammen, die sie im Bauchladen gefunden haben. Kleine Zauberkunststücke werden sie ebenfalls begeistern wie unterschiedliche Rhythmusinstrumente, mit denen sie Musik machen können.

Mit kleinen Handpuppen, die zum Inventar des Bauchladens gehören, können Geschichten erfunden werden, die die Kinder in unterschiedlichen Variationen zu Ende erzählen können.

ACHTUNG: Länger als 30 Minuten sollte eine Bauchladenaktion nicht dauern, da der oder die BereuerIn aufgrund des Gewichtes der Kiste Schulter-, Nacken- oder Rückenprobleme bekommen könnte.

Bewegungsbaustelle

SpielerInnen: 10 – 30 gleichzeitig	Alter: ab 5 Jahre	BetreuerInnen: 1 – 5	Platzbedarf: ca. 100 qm (unter Bäumen)
Spielart: Bewegung/ Geschicklichkeit Kreativspiel	Spielform: Einzelspiel	Spielort: drinnen draußen	Anschaffung: kaufen leihen selbst herstellen
Material: Strickleitern, Schaukelleitern, Tellerschaukeln, Kletterkörbe, Doppelschwingleitern, Knotentaue, Bänke, Tische, Balancierbalken, Kisten und Kästen, 20 m gelber Drainageschlauch, 20 ausrangierte Tennisbälle, bunte Tücher			

Eine Bewegungsbaustelle kann ein Einzel-Angebot auf einem Spielfest sein. Sie kann aber auch bei entsprechender Größe als eigenständige Spielaktion geplant und durchgeführt werden. Dabei sollte das Prinzip „Veränderung" oberstes Gebot für die Zusammenstellung der Bewegungsbaustelle sein und dementsprechend auch die Materialien dafür ausgesucht werden.

Als Platz eignet sich ein Park, eine Wiese oder ein Schulhof mit kräftigen Bäumen, an deren Ästen die Taue, Kletterleitern und Schaukeln befestigt werden können.

Bei schlechtem Wetter kann aber auch eine Turnhalle genutzt werden.

- Aus den Balken, Kisten und Kästen, die durch Taue miteinander verbunden sind, eine Kletterlandschaft bauen.
- Mit dem Drainageschlauch eine Kugel(Ball)-bahn „bauen": den Anfang durch einen Papiertrichter kennzeichnen und an einem Baum in einer Höhe befestigen, die nur durch Klettern erreicht werden kann. Dort können die Kinder Tennisbälle hineinwerfen und beobachten, wie sie sich durch den Schlauch winden. (Das Ende des Schlauches in einer Kiste landen lassen, in der die Bälle aufgefangen werden können.)
- Mit großen, bunten Tüchern können die Kinder Sonnensegel spannen, Zelte oder Buden bauen oder sie als Hängematten benutzen.

Brettspiele

SpielerInnen: bis 4 gleich-zeitig	Alter: 6 – 99 Jahre	BetreuerInnen: 1 (gelegentlich)	Platzbedarf: ca. 2 qm
Spielart: Pausenspiel	Spielform: Gruppenspiel	Spielort: drinnen draußen	Anschaffung: kaufen selbst herstellen
Material: Brettspiele, mindestens 2 Würfel, (Riesenwürfel), 1 Tisch, 2 Bänke oder eine Stellwand (für die Magnetplatten), evtl. kleine Preise			

„Mensch ärgere dich nicht", „Malefiz" oder „Mühle" sind zwar nicht die ganz großen Renner auf Spielfesten – aber für Verschnaufpausen oder wenn es dafür kleine Preise gibt, können sie dennoch sinnvoll eingesetzt werden.

Es gibt diese altbekannten Brettspiele aus robustem Holz als Tischspiele. Es gibt sie auch auf größeren Metallplatten, so dass die Spielfelder auch an einer Stellwand hängen können. – Spielsteine und -püppchen mit Magnetfüßen werden mitgeliefert.

Bei Brettspielen können sich die Kinder zwischen den Bewegungsangeboten „erholen". Damit eine Runde nicht zu lange dauert, sollten sie mit zwei Würfeln spielen. Kleine Preise schaffen einen Anreiz, das Spiel auch bis zum Ende zu spielen.

Dosenwerfen

SpielerInnen: beliebig	Alter: ab 4 Jahre	BetreuerInnen: 1	Platzbedarf: ca. 10 qm
Spielart: Bewegung/ Geschick-lichkeit	Spielform: Gruppenspiel Einzelspiel	Spielort: drinnen draußen	Anschaffung: kaufen selbst herstellen
Material: 15 leere Dosen (Durchmesser: 10 cm, Höhe 15 cm), 1 Tisch, 1 – 3 Stellwände, 1 Flip-Chart-Ständer mit Plakatpapier, 1 Filzstift, 3 Tennisbälle, Brett oder Seil als Start- oder Wurflinie			

Für das Dosenwerfen einen Tisch und dahinter eine Stellwand oder trapezförmig 3 Stellwände aufstellen. Auf dem Tisch die Dosen zu einer Pyramide übereinander aufbauen. (In der untersten Reihe stehen 5 Dosen, darüber versetzt 4 Dosen, darüber versetzt 3 Dosen usw.) 2 m vom Tisch entfernt die Start- oder Wurflinie auf dem Boden kennzeichnen.

Die SpielerInnen haben je 3 Würfe zur Verfügung, um alle Dosen umzuwerfen. Die Namen der TeilnehmerInnen, die mit 3 Würfen alle Dosen geschafft haben, sollten auf einem Plakat aufgeführt werden. Nach jeweils 3 Würfen werden die Dosen erneut zu einer Pyramide aufgestellt.

E

Eierlaufen

SpielerInnen:	Alter:	BetreuerInnen:	Platzbedarf:
max. 10 gleichzeitig	ab 4 Jahre	1	mind. 2 x 10 m pro „Bahn"
Spielart:	**Spielform:**	**Spielort:**	**Anschaffung:**
Bewegung/ Geschick- lichkeit	Gruppenspiel Einzelspiel	drinnen draußen	kaufen selbst herstellen

Material:
10 Holzlöffel (ca. 24 cm lang), 10 Holz-Eier oder Tischtennisbälle (Alternative: 10 Esslöffel, 10 Kartoffeln oder gekochte Eier), Stoppuhr, Pilonen und Markierungsbänder. Für ältere Kinder Hindernisse wie Balancierbalken, Riesenbausteine und Stangen aus dem Spielstäbesystem

Eierlaufen ist ein schon seit Generationen be-kanntes Geschicklichkeitsspiel. Dabei soll das Ei, die Kartoffel oder der Tischtennisball über eine gewisse Strecke auf einem Löffel balan-ciert und möglichst ohne herunter zu fallen schnell ins Ziel gebracht werden.

Die Durchführung des Spiels ist einfach: Auf der Wiese wird eine Startlinie markiert und nach 10 – 15 Metern eine Linie für den Wen-depunkt. Nun bekommen die Kinder, die zu-erst starten wollen, einen (Holz-) Löffel und ein gekochtes Ei (Alternativ: Tischtennisball, Kartoffel) in die Hand. Nach dem Startzeichen legen die Kinder das Ei auf den Löffel, den sie waagerecht in Höhe des Bauches halten und laufen vorsichtig los. Dabei sollen sie insbesondere darauf achten das Ei nicht zu verlieren. Fällt das Ei doch herunter, muss das Kind stehen bleiben, das Ei auf-heben, wieder auf den Löffel legen und darf erst dann weiter-laufen.

Gewonnen hat, wer als Erstes mit dem Ei auf dem Löffel die Ziellinie überquert.

Je nach Andrang und Interesse können auch mehrere Ausscheidungsläufe durchgeführt und ein Gesamtsieger ermitteln werden.

Wer aber kein Freund von Wettkämpfen ist, kann das Eierlaufen auch in den Sternparcours (s. S. 79) einbauen.

Beim Eierlaufen für ältere Kinder können auf der Strecke auch einige Hindernisse liegen: über die sie steigen, auf denen sie balancieren oder unter denen sie her kriechen müssen.

Erdball
(siehe unter „Riesenball" Seite 68)

Fahrradparcours

SpielerInnen: 1 Kind pro Durchgang	Alter: ab 8 Jahre	BetreuerInnen: 2	Platzbedarf: ca. 900 qm ebene, glatte Fläche
Spielart: Bewegung/ Geschick- lichkeit	Spielform: Einzelspiel	Spielort: draußen drinnen (Halle)	Anschaffung: leihen selbst herstellen

Material:
1 Fahrradparcours Alternativ zum Selbstaufbau: 40 Verkehrshütchen, für die Slalom- strecke: 8 kleine Straßenschilder auf Stativen, ca. 15 Dachlatten 2,5 m lang, 1 Hindernisbrett (6 x 10 x 30 cm, 2 – 3 unterschied- lich große Kinder-Fahrräder (für den Fall, dass die Kinder keine eigenen Fahrräder mitbringen können), Kreide, Seile, Stoppuhr, Metermaß, Schreibbrett, Papier, Stifte, Urkunden für die Teil- nahme am Fahrradparcours

Ein Fahrradparcours kann gut in ein Spielfest integriert werden, wenn eine ausreichend ebe- ne und gepflasterte oder geteerte Fläche zur Verfügung steht. Ein abwechslungsreich auf- gebauter Hindernis-Parcours zeigt insbesonde- re den Eltern, wie verkehrssicher die Kinder sind und in welchen Bereichen noch geübt werden muss. Eltern überschätzen häufig die Fähigkeit und damit die Verkehrssicherheit ih- rer Kinder. Fahrradparcours können bei den großen Automobilclubs ausgeliehen werden, ebenso von der örtlichen Polizei oder von der Verkehrswacht.

TIPP: Polizei und Verkehrswacht nehmen gerne an größeren Spielfesten teil, weil sie da- bei neben vielen Kindern auch die (dazu- gehörigen) Eltern und Großeltern antreffen und dabei ihrem Auftrag entsprechend Auf- klärungsarbeit in Sachen „Kinderverkehrssi- cherheit" leisten können. Die Verkehrswacht bietet in Verbindung mit dem Fahrradparcours oft eine mobile Fahrradwerkstatt an, in der die Verkehrssicherheit der Fahrräder der Kinder

überprüft wird. Kleinere Reparaturen werden dabei an Ort und Stelle ausgeführt. Bei größe- ren verkehrsicherheitstechnischen Mängeln bekommen die Eltern Hinweise für die Repa- ratur.

Wenn kein entsprechender Fahrradparcours ausgeliehen werden kann, ist eine etwa gleich- wertige Hindernisstrecke mit einfachen Hilfs- mitteln schnell selbst aufgebaut. (Fehlende Materialien können durch Kreidestriche oder durch Bänder ersetzt werden.)

Folgende **Übungsaufgaben** gehören zu einem Fahrradparcours, dessen Fläche ca. 44 Meter lang und 22 Meter breit ist:

1. Durch eine 10 Meter lange und 60 cm brei- te Spur fahren

2. Einen 5,60 Meter engen Kreis fahren

3. Stoppen und ohne abzusteigen weiterfah- ren

4. In einer 3 Meter breiten Gasse wenden

5. Über ein 6 cm hohes Hindernis fahren

6. Slalom fahren durch 7 unterschiedlich brei- te Tore (2 x 3,50 Meter, 2 x 3 Meter und 2 x 2,50 Meter)

7. Spurwechsel in einem Abstand von 2 Me- tern von 60 cm auf 15 cm

8. 4 Meter in einer 15 cm breiten Spur fahren

9. Innerhalb von 3 Metern ein 2 Meter breites Hindernis umfahren

10. Innerhalb von 2,50 Meter auf ein Ziel hin bremsen

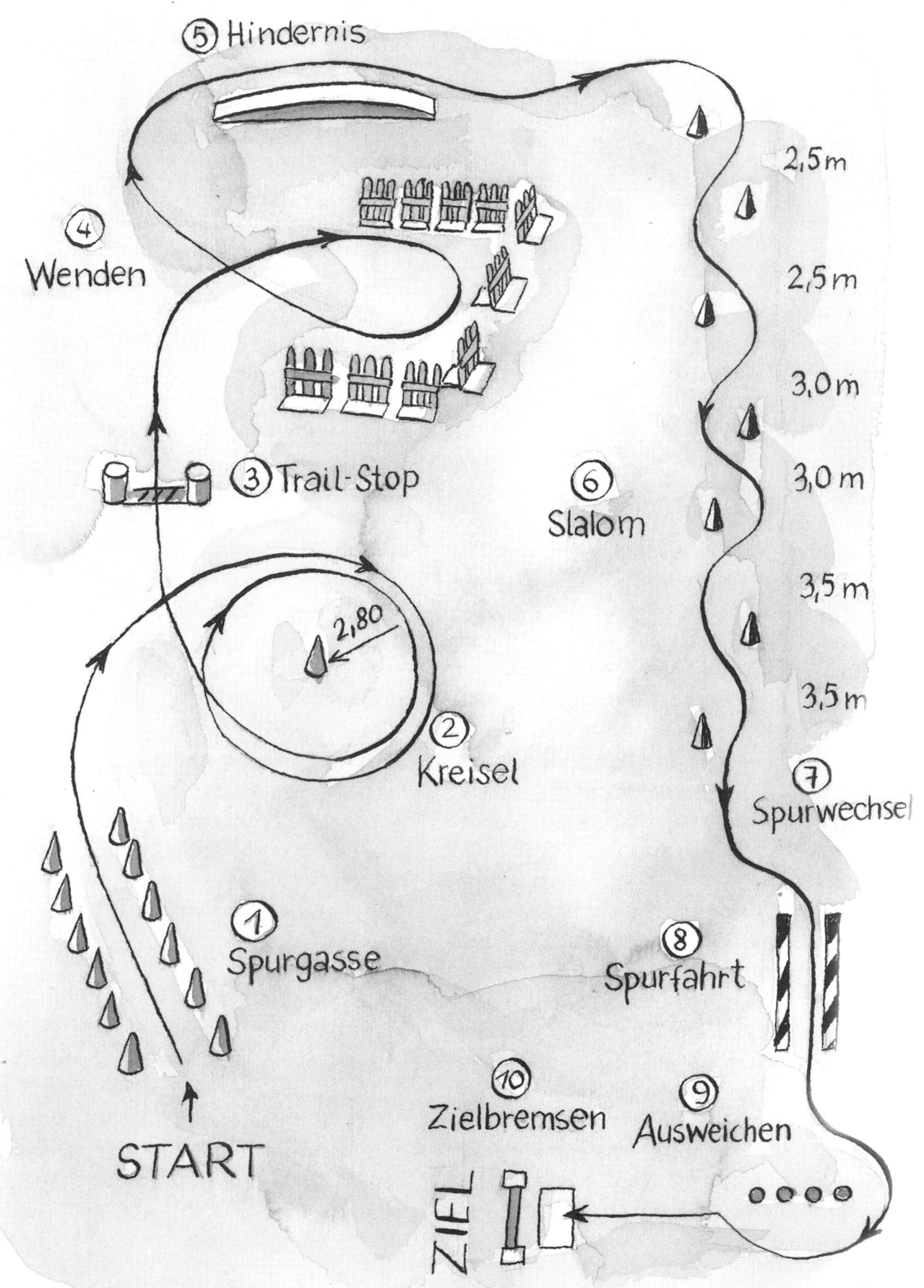

⑤ Hindernis

2,5 m

2,5 m

④
Wenden

3,0 m

3,0 m

③ Trail-Stop

⑥
Slalom

3,5 m

2,80

②
Kreisel

3,5 m

⑦
Spurwechsel

①
Spurgasse

⑧
Spurfahrt

⑩
Zielbremsen

⑨
Ausweichen

START

ZIEL

Fallschirm- oder Schwungtuchspiele

SpielerInnen: 10 – 30	Alter: ab 4 Jahre	BetreuerInnen: 1 – 3 (zeitweise)	Platzbedarf: 50 – 200 qm (1 – 3 Fall- schirme)
Spielart: Bewegung/ Geschick- lichkeit	Spielform: Gruppenspiel	Spielort: draußen drinnen (Raumhöhe mind. 3,5 m)	Anschaffung: kaufen leihen
Material: 1 oder mehrere Fallschirme oder Schwungtücher (Ø 3 – 9 m)			

Spiele mit dem Fallschirm sind in der „New games"-Zeit entstanden und das bunte Schwungtuch, das wir heute aus dem Spielzeughandel kennen, war früher tatsächlich ein ausrangierter Fallschirm, zumeist ein Lastenfallschirm aus Fliegerseide.

Es gibt mittlerweile eine Menge Ideen für den Einsatz des Fallschirms. Das Wichtigste dabei sind die eigene Freude und der Spaß am Spiel. Wer das den Kindern vermittelt, – wobei das ohne Ausnahme bei allen Spielen in Gruppen gilt – der kann die Kinder mit den verschiedenen Fallschirmspielen auch zwei Stunden durchgehend begeistern.

Bei ausreichendem Platz und vielen Kindern können mehrere Fallschirme gleichzeitig genutzt werden. Wichtig dabei ist ein ausreichender Abstand zwischen den Fallschirmen und nach hinten genügend Platz zu den nächsten Angeboten, um die Fallschirme richtig spannen zu können. Beim Einsatz von mehreren Fallschirmen wird allerdings eine leistungsfähige Mikrofonanlage benötigt, damit die Spielanweisungen überall verstanden werden. Hilfreich sind mehrere BetreuerInnen, die an den Fallschirmen die Bewegungsabläufe mit steuern können.

Für den weiteren Spielverlauf ist unbedingt darauf zu achten, dass nur ungefähr gleichaltrige Kinder an den Fallschirmen stehen. Bei einigen Spielen können große (stärkere) Kinder kleine Kinder schnell übersehen, unbeabsichtigt umstoßen und verletzen.

Die folgenden Spiele können einzeln aber auch gut in dieser Reihenfolge hintereinander eingesetzt werden.

Fallschirm auspacken
Zunächst werden die Fallschirme ausgepackt und einige Kinder herbeigeholt, die dabei helfen die Fallschirme auseinander zu rollen. Das weckt die Aufmerksamkeit anderer Kinder und damit beginnt bereits das Spiel.

„Warming up"
Die Kinder bewegen eine ganze Zeit lang die Schwungtücher auf und ab – dabei gleichen die Bewegungen des Fallschirms denen der Meeresoberfläche und die Gruppe kann sich aufeinander einstellen.

„Das große Meerestheater"
Behutsam beginnt die Spielleitung zu steuern, indem sie die Bewegungen ganz langsam – oder ganz schnell – ausführen lässt. Dazu passt gut eine Seefahrergeschichte, die von Stürmen, Orkanen, von Flauten und von Regengüssen handelt.

„Fallschirmball"
In der nächsten Spielphase kommt ein mittelgroßer Plastikball auf das Fallschirmtuch. Der Ball fängt an zu hüpfen und zu springen, läuft Gefahr vom Fallschirm zu fliegen. Die Kinder müssen ihr ganzes Geschick aufbringen, damit der Ball nicht herunter fällt. (Anstelle des Balls kann auch ein Plüschtier auf dem Fallschirm wie auf einem Trampolin „hopsen".)

„Bälle balancieren"

Einen Ball auf dem Fallschirm balancieren ist eines der schwierigsten Spiele mit Ball und Fallschirm: Den Fallschirm zu einer Scheibe spannen und den Ball möglichst kurz vor dem Außenrand rechts oder links herum rollen lassen. Das gelingt nur in einem gleichmäßigen sanften Auf und Ab des Fallschirms. D.h. die Kinder, die vor dem anrollenden Ball sind, müssen den Fallschirm herunter nehmen und gleichzeitig heben die Kinder hinter dem rollenden Ball den Fallschirm nach oben an. So entsteht eine stetige Wellenbewegung, die den Ball am äußeren Fallschirmrand herum rollen lässt. Zunächst sollen die Bewegungen ganz seicht sein und je besser der Ball rollt, können die Bewegungen des Fallschirms immer stärker werden.

„Fallschirmzelt"

Die Kinder blähen den Fallschirm so hoch wie möglich auf. Das funktioniert allerdings nur, wenn alle gleichzeitig die Arme und den Fallschirm so hoch wie möglich nach oben reißen. Hat dann der Fallschirm eine Ballonform erreicht, gehen die Kinder zwei bis drei Schritte in Richtung Kreismitte. Damit wird der „Ballon" unten um einige Quadratmeter geschlossen und die Luft kann nicht so leicht entweichen und der leichte Stoff fällt nicht so schnell herunter.

Wurde das mehrere Male „geübt", folgt der nächste Spielzug. Wenn der Fallschirm die Ballonform erreicht hat, müssen die Kinder den Fallschirm hinter ihrem Rücken nach unten ziehen und sich mit dem Po auf den Fallschirmrand setzen. Damit sitzen sie in einem riesigen Rundzelt. Ein Kind geht bestimmt gerne in die Mitte und „spielt" die Mittelstange und jetzt können sich je nach Außentemperatur – unter dem Fallschirm wird es nämlich bei intensiver Sonnenbestrahlung in kürzester Zeit unerträglich heiß – ein oder mehrere Spiele unter diesem Zelt anschließen. Die Spielleitung kann mit den Kindern gemeinsam ein Lied singen oder verschiedene Bewegungsspiele wie Wippen, Kreisen oder Schunkeln ausprobieren.

„Plätze tauschen"

Beim „Plätze tauschen" wird der Fallschirm auf den Boden gelegt und zunächst von allen Kindern gespannt. Nun ruft die Spielleitung eine bestimmte Gruppe von Kindern auf: z. B.
„alle Kinder mit blonden Haaren";
„alle Kinder mit grünen Augen";
„alle Kinder mit roten Socken";
„alle Kinder, die ein Musikinstrument spielen";
„alle Kinder, die 4, 5 oder 7 Jahre alt sind";
„alle Kinder, die im Fußballverein spielen";
„alle Kinder, deren Vorname mit A, B, C usw. anfängt";
„alle Kinder, die Zöpfe haben";
„alle Kinder, die sich morgens die Zähne nicht geputzt haben";
„alle Kinder, die ein Haustier haben";
„alle Kinder, die im Sportverein sind";
„alle Kinder, die in der „X"-Straße wohnen";
„alle Kinder, die in der 1., 2., 3. oder 4. Klasse sind"; usw.
Alle Kinder, die sich angesprochen fühlen, laufen sobald der Fallschirm hoch gerissen wurde und sich über ihnen wie eine Halbkugel wölbt, so schnell wie möglich durch die Mitte auf die gegenüberliegende Seite.
Die Kinder, die den Fallschirm halten, erschweren den Platztausch, indem sie den Fallschirm schnell wieder nach unten zu ziehen.
ACHTUNG: Hier gilt der Hinweis von oben: Möglichst gleichaltrige Kinder an einen Fallschirm lassen. Kleine (junge) Kinder werden zu leicht von den großen Kindern umgerannt und können verletzt werden. Lösung: „Plätze tau-

schen" mehrmals hintereinander für unterschiedliche Altersgruppen anbieten oder mehrere Fallschirme einsetzen.

„Fallschirmdrehen"

Ein weiteres Bewegungsspiel für möglichst Gleichaltrige: Alle Kinder halten den Fallschirm mit der rechten Hand und bewegen sich immer schneller im Uhrzeigersinn vorwärts. Nun ruft die Spielleitung „Wenden" und die Kinder drehen sich blitzschnell um, halten den Fallschirm nun mit der linken Hand und laufen immer schneller entgegen dem Uhrzeigersinn im Kreis. Mehrere Male wiederholen.

„Das Katz und Maus-Spiel"

Zum Ausgleich bietet sich jetzt noch das Katz und Maus-Spiel an:

Bei diesem Spiel spannen die Kinder den Fallschirm auf. Ein Kind geht auf den Fallschirm – die Katze (unbedingt Schuhe ausziehen, da sonst das Fallschirmtuch beschädigt werden kann) – und ein anderes kriecht unter den Fallschirm – die Maus. Nun muss die „Katze" die „Maus" fangen. Die Kinder, die den Fallschirm halten, können das Fangen erschweren, indem sie den Fallschirm immer in Bewegung halten. Die „Katze" hat es dann viel schwerer zu erkennen, wo sich die „Maus" unter dem Fallschirm befindet. Allerdings darf sich die Maus auch nicht außerhalb des Fallschirms bewegen.

Wurde die „Maus" gefangen, wird ein anderes Katz und Maus-Paar bestimmt.

„Fallschirm in den Sack"

Das folgende Angebot kann die Spielaktion geschickt beenden. Dafür wird der Fallschirm zunächst ganz stramm gespannt, anschließend sollen ihn die Kinder langsam und fest aufrollen. Wer zuerst die Fallschirmmitte erreicht hat, ist Sieger. Damit ist aber auch der Fallschirm aufgerollt und kann für den nächsten Einsatz eingepackt werden.

Frisbee-Spiel

SpielerInnen:	Alter:	BetreuerInnen:	Platzbedarf:
2 – 12	ab 5 Jahre	1 (gelegentlich)	ca. 100 – 500 qm
Spielart: Bewegung/ Geschick- lichkeit	**Spielform:** Gruppenspiel	**Spielort:** drinnen draußen	**Anschaffung:** kaufen
Material: 1 Soft-Frisbeescheibe (2 – 3 Ersatzscheiben)			

Bei diesem Wurf- und Fangspiel werfen sich die SpielerInnen die Frisbeescheibe gegenseitig zu.

Die Frisbeescheibe wird aus dem Handgelenk in Richtung MitspielerIn geworfen; von dieser mit einer Hand oder mit beiden Händen gefangen , um sie sofort wieder dem oder einem anderen Mitspieler zuzuwerfen.

Das Frisbeespiel kann auch als Mannschaftsspiel gespielt werden. Dafür wird allerdings eine Fläche von 3000 qm benötigt, die bei einem Spielfest in der Regel nicht zur Verfügung steht.

Für das Kinderspiel eignet sich wegen der Verletzungsgefahr besonders eine Soft-Frisbeescheibe.

G

Geschicklichkeitsspiele

Knöpfe, Schnallen, Reißverschlüsse & Co. – Die Übungsjacke

SpielerInnen:	Alter:	BetreuerInnen:	Platzbedarf:
je 6	ab 5 Jahre	1	ca. 5 qm
Spielart: Bewegung/ Geschick- lichkeit	**Spielform:** Gruppenspiel Einzelspiel	**Spielort:** Bühne drinnen draußen	**Anschaffung:** kaufen leihen
Material: 3 „Übungsjacken", Puzzleteile, Würfelelemente unterschiedlicher Größe, die richtig zusammengesetzt einen Quader ergeben; usw., Kleinpreise			

Unter diese Rubrik fallen Spiele, die mit Kindern z.B. auf einer Bühne gespielt werden können. Innerhalb eines Liederprogramms oder zwischen zwei Großgruppenspielen.

Beispielhaft dafür ist ein Spiel mit einer Übungsjacke, die mit zahlreichen Knöpfen, Schnallen, Bändern und Reißverschlüssen zusammengehalten wird. Pro Jacke werden 2 SpielerInnen benötigt, 3 Jacken sollten mindestens im Einsatz sein. Also sind pro Spieldurchgang 6 Kinder beteiligt.

Für das Spiel bekommt jedes Paar eine Jacke, deren Verschlüsse alle geöffnet sind. Auf ein Startsignal zieht das erste Kind die Jacke an und muss ausnahmslos alle Knöpfe, Bänder und Reißverschlüsse schließen. Der Partner darf dabei helfen.

Als Letztes wird die Kapuze aufgesetzt und ebenfalls mit Hilfe der Bänder und einer Schleife verschlossen. Nach der Kontrolle durch die Spielleitung müssen alle Verschlüsse wieder geöffnet werden und jetzt zieht der andere Partner die Jacke an, verschließt sie komplett und nachdem auch er die Kapuze aufgesetzt hat, gibt die Spielleitung das Zeichen, dass die Jacke wieder geöffnet werden kann. Das Paar, das als Erstes die Jacke komplett an- und ausgezogen hat, d.h. die Verschlüsse sind alle wieder geöffnet, ist Sieger.

Als weitere Geschicklichkeitsspiele für „Zwischendurch" eignen sich Groß-Puzzleteile, Würfelelemente oder Zuordnungsspiele, die immer nach dem eben beschriebenen Muster auf der Bühne vor Publikum durchgeführt werden können.

Gipsmasken

SpielerInnen: 2 gleichzeitig	Alter: ab 4 Jahre	BetreuerInnen: 1 – 2	Platzbedarf: ca. 10 qm
Spielart: Kreativspiel	Spielform: Einzelspiel	Spielort: drinnen draußen	Anschaffung: kaufen (Material) selbst herstellen
Material: Gipsbinden, Vaseline, Scheren, Wasser, Schüsseln, Schälchen, Papiertücher, Handtücher, Kamm, Haarklammern zum Weiterarbeiten: Vaseline, Kleister, Zeitung (zerrissen), Plakafarben, Pinsel; außerdem: 2 Tische, 4 Bänke			

Gipsmasken als Bastelangebot für Ganz- oder Halbgesichtsmasken sind den italienischen Comedia del'arte-Masken nachempfunden.

Für die Kinder ist der Gipsabdruck vom eigenen Gesicht immer ein besonderes Erlebnis und eine schöne Erinnerung für später. Die fertigen Masken können sie bemalen. Besondere Kontraste gibt es durch eine Bemalung in Schwarz und Weiß.

TIPP: Ängstlichen oder kleinen Kindern kann ein Abdruck von der Hand gemacht werden.

Die Erstellung einer Gipsmaske dauert etwa 10 Minuten pro Kind.

Vor Beginn der Spielaktion legen sich die BetreuerInnen alle Materialien zurecht und schneiden sich – ausreichend für zunächst etwa 20 Kinder – die Gipsbinden in so kleine Stücke, dass sie in die Wasserschälchen passen. (In Zeiten, wo keine Kinder Gipsmasken machen lassen wollen, können weitere Gipsbinden in schmale Streifen geschnitten werden.) Und so geht's:

● Das erste Kind legt sich auf den Tisch (Handtuchrolle unter den Kopf), alle Haare werden aus dem Gesicht gekämmt und mit Klämmerchen festgesteckt. Anschließend wird die mit Gipsbinden zu bedeckende Fläche des Gesichtes großzügig mit Vaseline eingecremt. (Vorher die Eltern bzw. die Kinder fragen, ob sie an Allergien leiden.)

- Die Gipsbindenstücke kurz in Wasser anweichen und mehrmals überlappend auf die Gesichtsfläche legen. Unebenheiten mit zusätzlichen Gipsbindenstücken ausgleichen.

  ACHTUNG: Augen, Nasenlöcher und Mund aussparen.

- Die Maske ein paar Minuten trocknen lassen und anschließend vorsichtig abnehmen. Evtl. die Ränder etwas zurecht schneiden.

- Unmittelbar danach mit weichen Softpapiertüchern die Gipsreste und die Vaseline aus dem Gesicht des Kindes entfernen.

- Die Maske unbedingt 30 Minuten durchtrocknen lassen.

- Nach dem Trocknen die Gipsmaske direkt mit Plakafarbe anmalen.

- In Ohrhöhe rechts und links vorsichtig Löcher in die Gipsmaske bohren, ein Gummiband durchziehen und verknoten.

Jetzt können die Kinder mit den Masken Eltern oder andere Besucher beeindrucken!

Aufbauend auf einen Gipsabdruck können zu einem späteren Zeitpunkt fantasievolle Pappmachémasken erstellt werden.

Dazu wird von der Gipsmaske eine Kopie aus Pappmaché abgenommen: die Gipsmaske mit Vaseline bestreichen und mit in Kleister getauchten Zeitungsschnipseln bedecken. Die Maske kann beliebig modelliert und nach dem Austrocknen bemalt werden.

Glücksrad

SpielerInnen: beliebig	Alter: ab 3 Jahre		BetreuerInnen: 1	Platzbedarf: ca. 2 qm
Spielart: Pausenspiel	Spielform: Einzelspiel	Spielort: drinnen draußen		Anschaffung: kaufen leihen
Material: 1 Glücksrad, Kleinpreise, Kasse				

Spielfeste kosten immer etwas. Selbst wenn alle Spielgeräte vorhanden sind, muss noch Verbrauchsmaterial gerechnet werden, kleine Preise für Geschicklichkeitsspiele und Bezahlung von HelferInnen sind ggf. auch noch einzuplanen. Und wenn kein Geld da ist, sorgt ein Glücksrad, wenn genügend Preise in Aussicht stehen, für ausreichende Einnahmen – darf für die Kinder aber nicht zu teuer werden.

Ein Glücksrad kann in der Regel den eigenen Bedürfnissen angepasst werden. Z.B. können Zahlen aufgeklebt werden, die nach dreimal „Glücksrad"-Drehen ein Gesamtergebnis ergeben. Vorher festgelegte Zahlen stehen für einen Gewinn. Oder mehrere Kinder spielen eine gemeinsame Runde. Das Kind mit der höchsten Gesamtzahl gewinnt.

Großes Mensch-ärgere-dich-nicht-Spiel

SpielerInnen: 4 – 20	Alter: ab 5 Jahre		BetreuerInnen: 1	Platzbedarf: ca. 30 qm
Spielart: Bewegung/ Geschick- lichkeit Pausenspiel	Spielform: Gruppenspiel	Spielort: drinnen draußen		Anschaffung: kaufen leihen selbst herstellen
Material: Spielfeld, große Spielhütchen und Riesen-Würfel				

Das große Mensch-ärgere-dich-nicht-Spiel ist ein Selbstläufer auf dem Spielfest. Wenn die Kinder nach einer Tobephase Lust auf etwas Ruhiges haben, können sie eine Runde mit den Riesenpüppchen und den Riesenwürfeln spielen. Der Reiz dieses Spieles liegt in der Größe seiner Spielfläche (5,50 x 5,50 m). Wenn ausreichend Kinder zusammenkommen, können sie unter Anleitung sogar selbst in die Rolle der „Spielpüppchen" schlüpfen.

Aber auch hier gilt: Möglichst mit zwei Riesenwürfeln würfeln lassen. Das erhöht die Augenzahl und die Kinder kommen schneller zum Erfolg.

TIPP: Ein Riesen-Mensch-ärgere-dich-nicht-Spiel lässt sich in relativ kurzer Zeit selbst herstellen. Für das Spielfeld wird eine 5,50 x 5,50 m große gelbe LKW-Plane im Verhältnis 15:1 mit der entsprechenden weißen, grünen, roten und schwarzen Farbe bemalt. Als Spielpuppen fungieren dann Kinder. Ggf. T-Shirts in entsprechenden Farben bereit halten!

Großgruppenspiele (Kommunikations- und Interaktionsspiele)

SpielerInnen: 20 – 1000	Alter: ab 6 – 99	BetreuerInnen: 1	Platzbedarf: ca. 30 – 2500 qm
Spielart: Bewegung/ Geschicklichkeit Kreativspiel	Spielform: Gruppenspiel	Spielort: drinnen draußen	Anschaffung: kaufen leihen selbst herstellen
Material: Verstärkeranlage oder Megafon			

Viele kennen diese Spiele aus Einführungsseminaren, manche erinnern sich nicht gerne dran. Auf diese Gründe möchte ich hier nicht näher eingehen. Ich kann aber versprechen, dass diese ja eher aus kleineren Gruppen bekannten Spiele auf ein großes Spielfest mit mehreren hundert TeilnehmerInnen übertragen, jedes Mal ein unvergessenes Erlebnis werden.

Die Spielleitung muss in erster Linie sicherstellen, dass alle Beteiligten die Spielregeln verstehen, (inhaltlich wie akustisch) und die einzelnen Spielschritte befolgt werden.

Von den nachfolgend aufgeführten Spielen können 2 bis 3 während eines Spielfestes eingebaut werden.

Menschenbauspiel

Alle TeilnehmerInnen ordnen sich mehr oder weniger geordnet in ein Gesamtkunstwerk ein: z.B. in eine Geschichtsszene, in eine Handwerkerszene oder in eine Theaterszene.

Haben alle TeilnehmerInnen ihre Position eingenommen, werden die Bewegungen für kurze Zeit eingefroren und es könnte/sollte ein Gruppenfoto zur Erinnerung gemacht werden.

Gordischer Knoten

Alle Teilnehmer stehen mit den Rücken zueinander, strecken die Arme in die Höhe und versuchen hinter sich greifend möglichst zwei unterschiedliche Hände zu fassen und festzuhalten. Nun muss dieses Menschenknäuel aufgelöst werden ohne die Hände loszulassen. Dabei muss sich jeder drehen und winden, über andere hinwegsteigen oder drunter herkriechen, aber in der Regel entsteht irgendwann ein ordentlicher Kreis. Mancher steht dann allerdings anders herum – aber der Knoten ist aufgelöst!

Riesenball kreisen (Erdballspiel)

(Spielbeschreibung siehe Seite 68)

Schoßsitzen

Mindestens 30 TeilnehmerInnen etwa gleichen Alters oder zumindest ungefähr gleicher Größe stehen im Kreis. Dann drehen sich alle gemeinsam nach rechts oder links – nur in eine Richtung muss es sein. Dabei sollte der Kreis außerdem möglichst rund sein und alle eng an eng hintereinander stehen. Hilfreich ist auch noch, wenn die TeilnehmerInnen die Hände auf die Schulter des Vordermannes oder der Vorderfrau legen.

Auf ein Zeichen setzen sich alle ganz langsam und vorsichtig und unbedingt gleichzeitig in die Hocke und damit auf die Knie des Hintermanns. Jetzt kann erschwerend eingebaut werden, dass sich der Kreis vorwärts bewegt und zwar, wenn alle gleichzeitig auf ein Zeichen das rechte und anschließend das linke Bein nach vorne bewegen.

Das funktioniert normalerweise mehrmals, bis es an irgend einer Stelle instabil wird, die Kinder das Gleichgewicht verlieren und alle durcheinander purzeln.

Riesenschlange
(Spielbeschreibung siehe Seite 72)

Spiegelpantomime
Für dieses Spiel holt sich die Spielleitung zwei bis drei DarstellerInnen auf die Bühne, die sich ebenfalls vor das Publikum stellen. Die Spielleitung gibt vor, welche Bewegungsabläufe sie vorführen sollen. Diese Bewegungen müssen die ZuschauerInnen nachmachen, so als stünden sie vor einem Spiegel.
Die Spielleitung sollte darauf achten, dass die Bewegungen ganz langsam, fast in Zeitlupe vorgemacht werden, damit das Publikum auch die Chance hat, die Bewegungen nachzumachen.

H

Handabdrücke

SpielerInnen: beliebig	Alter: ab 3 Jahre	BetreuerInnen: 1	Platzbedarf: ca. 20 qm
Spielart: Kreativspiel	Spielform: Einzelspiel	Spielort: drinnen draußen	Anschaffung: kaufen (Material) selbst herstellen
Material: Tapetenreste, DIN A 1 Plakatpapier und DIN A 4 Papier, Fingerfarbe, Wasserschüssel, Seife, Handtücher (Papiertücher), wenn kein fließendes Wasser vorhanden ist: mehrere mit Wasser gefüllte Wasserkanister			

Mit den Handabdrücken aller Kinder in den verschiedensten Farben lassen sich sehr schöne Collagen anfertigen. Damit können die Kinder Plakate und ganze Plakatwände gestalten oder sie schneiden ihre Handabdrücke aus und hängen sie unter die Decke oder in ein Wolllabyrinth.

Wenn die Kinder ihre Handabdrücke zusätzlich auch auf ein DIN A 4 Blatt machen, haben sie zudem eine schöne Erinnerung für zu Hause.
Es sollte genügend Wasser zur Verfügung stehen, damit sich die Kinder nach der Aktion die Hände gründlich waschen können. Denn auch Fingerfarbe lässt sich schwer entfernen, wenn sie erst einmal getrocknet ist.

Holländer

SpielerInnen: 1 Kind pro Holländer	Alter: 5 – 10 Jahre	BetreuerInnen: 1	Platzbedarf: ca. 100 qm
Spielart: Bewegung/ Geschicklichkeit	Spielform: Gruppenspiel Einzelspiel	Spielort: drinnen draußen	Anschaffung: kaufen leihen
Material: 2 Holländer, Absperrband, Stangen, Stoppuhr, Bleistift und Papier, Tafel, Plakatpapier, Filzstifte für die Ergebnisse, Pilonen			

Holländer für die „Straße" sind vergleichbar mit Schienendraisinen, die durch Hinaufziehen und Herunterdrücken eines Pendels in Bewegung gesetzt werden.
Die Holländer sind kleine Kinderfahrzeuge, die sich durch Ziehen und Drücken einer Antriebsstange vorwärts oder rückwärts bewegen lassen. Die Handhabung der Holländer erfolgt also mit den Armen. Gelenkt werden die Holländer an der Vorderachse mit den Füßen.
Die Fahrzeuge sollten nur auf einer ebenen Fläche eingesetzt werden, da für Steigungen zu viel Kraft aufgewandt werden muss. Bergab sollte mit dem Holländer deshalb nicht gefahren werden, weil die Geschwindigkeit immer höher wird und sich die Antriebsstange ebenfalls immer schneller hin- und herbewegt. Dabei kann es passieren, das dem Kind die Antriebsstange aus den Händen geschlagen wird.

Wenn es jetzt versucht die Antriebsstange zu greifen, kann sich das Kind erheblich verletzen. Der Holländer hat zwar eine Bremse, die reicht aber nicht bei höheren Geschwindigkeiten.

Die Fahrzeuge eignen sich gut für den Einsatz in einem Geschicklichkeitsparcours, der mit Flatterband und Pilonen gekennzeichnet wird. Im Rahmen eines Wettkampfspiels können Fehler bewertet und Zeiten gestoppt werden. Die Ergebnisse mit Namen, Punkten und der gestoppten Zeit werden gut sichtbar auf eine Tafel oder auf ein Plakat geschrieben.

Hüpfspielgeräte

SpielerInnen:	Alter:	BetreuerInnen:	Platzbedarf:
beliebig	3 – 8 Jahre	1	ca. 50 – 100 qm
Spielart:	**Spielform:**	**Spielort:**	**Anschaffung:**
Bewegung/ Geschick- lichkeit	Gruppenspiel Einzelspiel	drinnen draußen	kaufen leihen
Material: 10 verschiedene Hüpfbälle (Durchmesser des aufgepumpten Balls: ca. 60 cm), für die „Drachen": 2 Baumwollbezüge; Pilonen, Flatterband, Bänder für Start- und Ziellinien.			

Die Geräte können Hüpfbälle heißen, Hüpf-pferde, Hüpfdrachen oder Sprungbälle. Egal, wie sie genannt werden, für Kinder sind sie im-mer wieder und immer noch ein großes Ver-gnügen und für die Kleineren eine große Her-ausforderung! Sie können sich hüpfend ziem-lich schnell fortbewegen und müssen dabei auch noch ihr Gleichgewicht halten.

Auf der Wiese (und möglichst nur da) ziehen diese Bälle oder Pferde oder Drachen die Kin-der an, auch wenn sie nicht zu Ausscheidungs-spielen eingesetzt werden. Aber auch dafür eignen sie sich sehr gut. Dabei müssen die Kin-der möglichst schnell eine festgelegte Strecke zurücklegen.

Der „schnellste Hüpfer" ist Sieger.

Für die etwas älteren Kinder kann eine Hinder-nisstrecke errichtet werden. Das Umhüpfen der Hindernisse erhöht den Schwierigkeitsgrad und damit die Konzentration. Gewonnen hat, wer zuerst ins Ziel kommt, ohne ein Hindernis umgeworfen zu haben.

TIPP: Die Hüpfstrecke sollte nicht zu lang sein, damit schwächere Kinder durch den schnell entstandenen Abstand zu den besseren nicht lustlos werden und mittendrin abbrechen.

Ein **Hüpfdrache** entsteht aus 4 Hüpfbällen, die mit einem Bezug verbunden sind. Die Griffe der Sprungbälle werden durch dafür vorgesehene, mit Leder verstärkte Löcher gesteckt. Jetzt setzen sich 4 Kinder hintereinander auf den „Drachen" und versuchen durch gleichzeitiges Hüpfen vorwärts zu kommen.

Zwei solcher „Drachen" ermöglichen spannende Wettkampfspiele

Hüpfbälle können auch sinnvoll in den Sternparcours (s. Seite 79) eingebaut werden.

Hüpfkästchen

SpielerInnen: 2 – 6	Alter: 6 – 10 Jahre	BetreuerInnen: 1 (gelegentlich)	Platzbedarf: ca. 4 qm
Spielart: Bewegung/ Geschicklichkeit	Spielform: Gruppenspiel Einzelspiel	Spielort: drinnen draußen	Anschaffung: kaufen selbst herstellen
Material: Kreide für den Asphalt oder eine Hüpfspielmatte für den Innenraum (Größe: 200 x 74 cm mit 4 Wurfscheiben)			

In Norddeutschland heißen sie Hinkelkästchen, in Nordrhein-Westfalen Hümpelspiele. Verschiedene Formen sind für ganz Europa seit dem Mittelalter nachgewiesen. Und es gibt sie heute noch, die Hüpfkästchen auf Straßen und Bürgersteigen. Jetzt auch als Spielmatte mit rutschfestem Untergrund, so dass Kinder auch in der Turnhalle oder der Pausenhalle „hümpeln" können. (Die Steine werden hierbei durch bunte Filzscheiben ersetzt.)

Ziel ist es, auf einem Bein auf die Felder 1 bis 8 oder 10 (je nach Hümpelspiel) und zurück zu hüpfen, ohne mit dem Fuß die Begrenzungslinien zu berühren. Zum Hümpelspiel gehört aber auch noch ein Spielstein, der vor dem Start bei 1 beginnend und dann fortlaufend in die Kästchen geworfen werden muss. Wer das Feld nicht trifft oder die Begrenzungslinie berührt, muss aussetzen. Das Feld, in dem der Stein liegt, muss auf einem Bein übersprungen werden. Auf dem Rückweg muss zusätzlich der Stein auf einem Bein stehend aufgehoben und mit zurückgenommen werden. Nun wird der Stein in das nächste Feld geworfen usw. Gewonnen hat, wer zuerst mit seinem Spielstein alle Felder erhüpft hat.

Kartonstadt bauen

SpielerInnen:	Alter:	BetreuerInnen:	Platzbedarf:
beliebig	ab 3 Jahre	1	ca. 200 qm
Spielart:	**Spielform:**	**Spielort:**	**Anschaffung:**
Bewegung/ Geschick- lichkeit Kreativspiel	Gruppenspiel Einzelspiel	drinnen draußen	selbst herstellen

Material:
Pappkartons unterschiedlichster Größe (je mehr, desto besser), 10 Scheren, Messer, Klebeband, Kleister, Buntpapier, Zeitungen, Illustrierte, Buntstifte, Filzstifte, Fingerfarbe, Plakafarbe, Pinsel, Becher

Mit Kartons lassen sich Rüstungen bauen, Roboterkostüme, Autos aber auch ganze Städte. Vielleicht gestalten die Kinder ihre Traumstadt oder bilden einfach ihre Stadt oder ihren Stadtteil nach.

Mit unterschiedlich großen Kartons lassen sich verschieden große Häuser bauen, wie im richtigen Leben. Die Kartons können zusammengeklebt werden, Türen und Fenster mit Scheren oder Messern ausgeschnitten oder mit Farbe aufgemalt werden. (Kinder nicht allein mit Messern hantieren lassen!)

Mit Farbe werden die Kartons lebendig; auch mit Zeitungs-, Illustriertenpapier und Kleister lassen sich die „Häuser" sehr abwechslungsreich gestalten.

Zu den Häusern gehören auch Straßen, Höfe, Plätze, Parks und Spielanlagen.

Die Kartonstadt lädt zu Rollenspielen aller Art ein. Dafür brauchen die Kinder kaum eine Anleitung.

Kleinkinderspiele

Traumhöhle, Holzspielzeug, Tiere, Autos, Bauernstall, Eisenbahn, Bauteppich, Steckenpferde, Softtonne, Softspielwürfel, Kleinkinderwippen, Kleinkinderrutschen...

SpielerInnen: 10 – 20	Alter: bis 3 Jahre	BetreuerInnen: 1	Platzbedarf: ca. 25 qm
Spielart: Bewegung/ Geschick- lichkeit Kreativspiel	Spielform: Gruppenspiel Einzelspiel	Spielort: drinnen draußen	Anschaffung: kaufen selbst herstellen
Material: 1 Spielteppich mit unterschiedlichen Kleinkinderspielzeugen, Bälle, Rollen, Wippen, Reinigungstücher, Trennwände (150 x 80 cm), um den Bereich ggf. von den übrigen Spielangeboten abzutrennen, Sonnenschirm oder Pavillon als Sonnen- bzw. Regenschutz, Spielmattensatz „Burg" oder Matten für Spielhäuser			

Bei der Planung eines Spielfestes sollten unbedingt alle Altersgruppen berücksichtigt werden, da in der Regel die ganze Familie das Spielfest besucht. So dürfen Angebote für Ältere (bis 14 Jahre, siehe Spielecke für Oldies, Seite 78) genauso wenig fehlen wie Spiele für die Krabbelkinder.

Holzspielzeug (Tiere, Autos, ein Bauernstall und eine Eisenbahn) gehören dazu und ein Bau- und Spielteppich (mit Bilderbüchern, Püppchen, Puppenwagen), Steckenpferde und natürlich Softspielgeräte (Softtonne oder Softspielwürfel aus vielen unterschiedlich geformten Einzelteilen), Kleinkinderrutsche, usw.

Der Kleinkinderspielbereich sollte durch steckbare Trennwände vom übrigen Spielgeschehen etwas abgeteilt werden. Ist das Spielfest draußen, müssen in diesem Spielbereich ausreichend Sonnenschirme oder Pavillons aufgestellt werden, um die Kleinkinder vor zu viel Sonnenbestrahlung zu schützen. Dabei erübrigen sich die Trennwände. Hier im Kleinkinderspielbereich könnte aber auch gut ein Aktionsspielhaus (siehe Seite 26) aufgebaut bzw. hergerichtet werden. Ein absoluter Renner ist der Spielmattensatz „Burg", bestehend aus 4 Rechteckmatten und 4 Halbzylindermatten, die mit Klettverschlüssen mühelos zu Burgen, Häusern, Krabbelstrecken und Kulissen umgebaut werden können.

Diese Spielangebote müssen nicht durchgehend betreut werden, da die Eltern an dieser Stelle selbst ihre Kinder betreuen. Allerdings sollten die Spiele und Geräte mehrmals während der Veranstaltung kontrolliert und ggf. öfter gesäubert werden.

(Stofftiere, Puppenkleider und Deckchen sollten nach jedem Fest gewaschen und auch der Spielteppich sollte regelmäßig gereinigt werden.)

Kletterleiter

SpielerInnen:	Alter:	BetreuerInnen:	Platzbedarf:
beliebig	ab 6 Jahre	1	ca. 5 qm
Spielart:	**Spielform:**	**Spielort:**	**Anschaffung:**
Bewegung/ Geschicklichkeit	Gruppenspiel Einzelspiel	drinnen draußen	kaufen
Material: Eine oder mehrere Kletterleitern, Schaumstoffmatten			

Eine Kletterleiter lässt sich gut in eine Bewegungsbaustelle einbauen (siehe Seite 31); ist aber auch als einzelnes Spielgerät, z. B. in einen Baum gehängt, interessant. Unter der Kletterleiter sollte zur Sicherheit der Kinder eine Schaumstoffmatte, Turnmatte o. Ä. ausgelegt werden.

Jeweils die Nägel einer Reihe oben am Nagelkopf mit 1–2 mm starkem Kupferdraht verbinden und an einem Ende beide Drähte zusammenfügen.

Draht und Metallstab durch einen langen Klingeldraht verbinden und diesen wiederum mit einer Klingel, die mit handelsüblichen Batterien funktioniert.

Die Holzplatte mit lustigen Motiven bemalen.

Klingelspiel

SpielerInnen: 1 Kind pro Durchgang	Alter: ab 4 Jahre	BetreuerInnen: 1	Platzbedarf: ca. 2 qm
Spielart: Bewegung/ Geschicklichkeit	Spielform: Einzelspiel	Spielort: drinnen draußen	Anschaffung: leihen selbst herstellen
Material: 1 Platte mit Klingeldraht, ggf. Bank oder Tisch, Ersatzbatterien Material zum selbst basteln: ca. 200 Nägel, Hammer, Holzplatte (80 x 60 cm), Kupferdraht (5 m), Metallstab, Klingeldraht, Klingel, Batterie, Plakafarben			

Bei diesem Geschicklichkeitsspiel führen die Kinder einen Metallstab durch einen mit Nägeln und Kupferdraht abgesteckten Pfad, ohne diesen zu berühren. Geschieht dies doch, wird der Fehler in Form eines Pfeifens oder Klingelns hörbar. Die Kinder sollen möglichst fehlerfrei durch die Reihen kommen. Bei einem Wettkampf haben die Kinder mit den wenigsten Klingeln gewonnen.

Basteltipp: Die Nägel in zwei Reihen, mit gleich bleibendem Abstand von 2 cm, in einer geschwungenen Form in die Holzplatte schlagen. Die Nägel einer Reihe können einen Abstand von ca. 5 cm haben. (Je nach Außen- oder Innenkurve mehr oder weniger)

Kommunikationsspiele
(siehe Großgruppenspiele Seite 43)

Kriechtunnel

SpielerInnen: 1 – 2 gleichzeitig	Alter: ab 3 Jahre	BetreuerInnen: 1	Platzbedarf: ca. 25 – 30 qm
Spielart: Bewegung/ Geschicklichkeit	Spielform: Gruppenspiel Einzelspiel	Spielort: drinnen draußen	Anschaffung: kaufen leihen selbst herstellen
Material: 1 bis 2 Kriechtunnel			

Der Kriechtunnel eignet sich gut als Ausscheidungsspiel, für den Einsatz im Sternparcours oder in Verbindung mit einer Hüpfburg.

- Da nicht alle Kinder gleichzeitig auf die Hüpfburg können, werden sie zuerst durch den Kriechtunnel geschickt, bevor sie nacheinander auf die Hüpfburg springen dürfen.
- Für ein Ausscheidungsspiel werden zwei Kriechtunnel benötigt. Zwei Gruppen werden gebildet (Mädchen gegen Jungen; Straße gegen Straße; Klasse gegen Klasse), die sich jeweils in einer Reihe 3 Meter hinter dem Kriechtunnel aufstellen. Auf Los starten die beiden ersten Kinder, kriechen durch den Kriechtunnel, laufen zurück und stellen sich wieder hinten an. Gewonnen hat die Gruppe, die zuerst mit allen Kindern durchgekrabbelt ist.

ACHTUNG: Kinder können Platzangst bekommen, wenn sie mit zu vielen im Tunnel sind, deshalb gibt es Kriechtunnel mit Guckfenstern

Kriechtunnellandschaften

SpielerInnen: ca. 10 gleichzeitig	Alter: ab 4 Jahre	BetreuerInnen: 1	Platzbedarf: 20 qm
Spielart: Bewegung/ Geschicklichkeit	Spielform: Gruppenspiel Einzelspiel	Spielort: drinnen draußen	Anschaffung: kaufen leihen
Material: 3 – 5 Kriechtunnel, 4 Zelte			

Mit drei bis fünf Kriechtunneln und mehreren Spiel-Zelten mit entsprechenden Öffnungen, lassen sich auch leicht und kostengünstig Tunnellandschaften bauen, indem Kriechtunnel und Zelte miteinander verbunden werden. Im Spielzeugbedarf gibt es dazu sehr leichte und schnell aufzubauende Spielzelte, Spielwürfel, Dreieck- und Sechseckzelte, die bereits mit Klettverschlüssen ausgestattet sind.

Kugelbahnen

SpielerInnen: 2 – 3 gleichzeitig	Alter: ab 3 Jahre	BetreuerInnen: 1	Platzbedarf: ca. 2 – 4 qm
Spielart: Bewegung/ Geschicklichkeit Kreativspiel	Spielform: Einzelspiel	Spielort: drinnen draußen	Anschaffung: kaufen selbst herstellen
Material: Kugelbahnen oder -rinnen, fertig oder als Bausätze, ausreichend Ersatzkugeln oder Knickel			

Kugel- oder Knickelbahnen gibt es in den unterschiedlichsten Größen und Variationen, aus Holz und aus Plastik. Als Klangkugelbahnen, Kugelbretter, Kugeltürme, Kugellabyrinthe und als Bausätze mit den vielfältigsten Zubehörteilen. Es gibt sie als Einzelrinnen, die im Sandkasten in eine Sandburg mit eingebaut werden müssen oder mit Plastikformteilen, die nur noch ineinander gesteckt werden. Eine interessante Variante bietet eine Magnetwand mit insgesamt 48 verschiedenen Bahnteilen, die auf der Wand zu immer neuen Kugelbahnen zusammengesetzt werden können.

Kugelbalancier-Labyrinth

SpielerInnen: 1 – 2 pro Gerät	Alter: ab 3 Jahre	BetreuerInnen: 1	Platzbedarf: 2 – 4 qm
Spielart: Bewegung/ Geschicklichkeit	Spielform: Gruppenspiel Einzelspiel	Spielort: drinnen draußen	Anschaffung: kaufen leihen
Material: Mehrere Kugellabyrinthe, ausreichend Holz- oder Metallkugeln oder Tischtennisbälle			

Kugellabyrinthe sind Geschicklichkeitsspiele für ein bis zwei Kinder. Es gibt sie in den verschiedensten Größen und Formen und sie sind vergleichbar mit den runden Balancierscheiben. (s. Seite 28)
Erschwerend kommt bei diesen Kugellabyrinthen dazu, dass hier Kugeln mit den Füßen oder mit den Händen von einem Ende zum anderen balanciert werden müssen. Spannend wird es allerdings, wenn zwei Kinder, auf einer Balancierplatte stehend versuchen die Kugeln in unterschiedliche Richtungen zu bewegen. Aber auch für Einzelspiele werden die Balancierbretter immer anspruchsvoller. Ein Beispiel dafür ist das Erzi – Balancierbrett „Jumpi", bei dem ein Kind eine oder mehrere Kugeln mit viel Geschick in eines der drei Löcher springen lassen muss. Je nach erreichter Punktzahl legt dann die Kugel einen kurzen oder langen Weg zum Spielanfang zurück. Der teilweise verdeckte Lauf der Kugelbahn erschwert zusätzlich das Balancieren.

Kullerkreisel

SpielerInnen: 1 – 2 pro Kreisel	Alter: ab 3 – 8 Jahre	BetreuerInnen: 1 (gelegentlich)	Platzbedarf: je 2 qm
Spielart: Bewegung/ Geschick- lichkeit	Spielform: Gruppenspiel Einzelspiel	Spielort: drinnen draußen	Anschaffung: kaufen leihen
Material: 3 bis 5 Kullerkreisel (80 cm Durchmesser, Kunststoff)			

Viel Bewegungskoordination ist notwendig, wenn sich ein oder noch besser zwei Kinder in den Kullerkreisel setzen und ihn durch geschickte Gewichtsverlagerung in kreisende Bewegungen bringen wollen. Ein Spielgerät, das auch ohne Betreuung auskommen kann.

Die Kullerkreisel werden in zwei verschiedenen Größen angeboten: Als Kullerschale mit einem Durchmesser von 140 cm für bis zu 4 Kinder; als Kullerkegel mit einem Durchmesser von 80 cm, mit dem ein bis zwei Kinder kullern, kreiseln, balancieren, schaukeln, sich verstecken und vor Regen schützen können.

Kullertonnen/Spielfässer

SpielerInnen: 2 – 3 pro Tonne	Alter: ab 3 Jahre	BetreuerInnen: 1	Platzbedarf: 25 – 30 qm (Wiese)
Spielart: Bewegung/ Geschick- lichkeit	Spielform: Gruppenspiel Einzelspiel	Spielort: drinnen draußen	Anschaffung: kaufen leihen
Material: 1 – 4 Tonnen aus witterungsbeständigem, stoß- und schlag- festem Kunststoff			

Die Kullertonnen lassen sich rollen, aufstellen, werfen, übereinander stapeln, einen Berg hinunter rollen. Die Kinder können in die Tonnen reinkriechen, sich rollen lassen, selbst rollen, darauf sitzen, sich verstecken – alles gute Gründe, einige dieser Kullertonnen auf dem Spielfest einzusetzen.

Laufdollis
(siehe unter Bandstelzen Seite 28)

Laufskier
(siehe unter Sommerski Seite 77)

Loopies (Cyclecart, Scooter oder Swingcart)

SpielerInnen:	Alter:	BetreuerInnen:	Platzbedarf:
1 pro Fahrzeug	ab 5 Jahre	1	50 – 100 qm
Spielart: Bewegung/ Geschicklichkeit	**Spielform:** Gruppenspiel Einzelspiel	**Spielort:** drinnen draußen	**Anschaffung:** kaufen leihen

Material:
2 – 5 Loopies unterschiedlicher Größe, Spielfeldbande, Pilonen, Flatterband, Stoppuhr, Flip-Chart, DIN A1 Papier und Filzstifte

Noch eine Art sich fortzubewegen. Hierbei liegen die Füße ruhig auf dem Rahmen und haben Pause. Dafür müssen die Hände und die Arme ran – und natürlich der Kopf. Der muss nämlich die beiden Arme immer wieder korrigieren, damit die Fahrt mit diesen „Dreirädern" auch in die gewünschte Richtung geht. Man kann sich auch ganz schnell im Kreis drehen oder rückwärts fahren, ohne dass man es will. Das gibt ganz lustige Effekte, insbesondere, wenn auf dem Platz mehrere Loopies im Einsatz sind. Dann kann es schon mal zu Zusammenstößen kommen. Doch keine Angst, der stabile Stahlrohrrahmen schützt die Kinder vor Verletzungen. Um andere Spielfestteilnehmer vor (unbeabsichtigten) Rammstößen zu bewahren, ist es sinnvoll, durch geeignete Spielfeldbande einen Bereich von ca. 5 x 10 Metern abzutrennen. Wer das Loopiefahren für ein echtes Geschicklichkeitsfahren einsetzen will, der kann auch einen Rundkurs abstecken.

Luftkissen

SpielerInnen:	Alter:	BetreuerInnen:	Platzbedarf:
5 – 20	ab 3 Jahre	1 (mit Ablösung)	ca. 50 – 100 qm
Spielart: Bewegung/ Geschicklichkeit	**Spielform:** Gruppenspiel Einzelspiel	**Spielort:** drinnen (je nach Raumhöhe) draußen	**Anschaffung:** kaufen leihen

Material:
Luftkissen 5 x 5 m bis 10 x 10 m als reines Sprungkissen mit oder ohne Seitenwänden, überdacht oder offen, Gebläse, Stromanschluss, Verlängerungsschnur, Seile zum Verankern, Heringe, Schwamm- und Trockentücher zum Trocknen nach Regenschauern, Gummimatte für die ausgezogenen Schuhe, Plastikplane zum Unterlegen.

Sie heißen auch air tramp, Hüpfburg, Schwabbelkissen oder Kletterberg und sind seit Jahren die Attraktion eines jeden Spielfestes! Das Hüpfen auf dem Luftkissen bedeutet selbst für größere Kinder und für Erwachsene einen tollen Spaß. Und für die ganz Kleinen ist das Luftkissen ein Spielgerät, auf dem sie nach Herzenslust schaukeln, balancieren, schwingen, springen und Purzelbäume schlagen können.

Das Luftkissen ist, nachdem die entsprechenden Reißverschlüsse geschlossen und das Gebläse angeschlossen wurde, in etwa fünf Minuten spielbereit.

Vor dem Aufstellen des Luftkissens sollte der Untergrund nach Steinen und Scherben abgesucht werden, damit das Luftkissen nicht beschädigt wird. Oder Sie legen vorher eine der Grundfläche des Luftkissens entsprechende dickere Plastikplane aus.

TIPP: Damit auch die Kleineren das Luftkissen ungestört genießen können, sollten für sie in regelmäßigen Abständen bestimmte Zeiten reserviert werden.

Folgende Sicherheitsregeln müssen unbedingt beachtet werden:

1. Nicht zu viele Kinder auf das Luftkissen lassen. Es könnte in sich zusammenfallen, die Kinder würden übereinander fallen und können sich verletzen.

2. Das Luftkissen muss ständig beaufsichtigt werden.

3. Die Kinder sollten nur nacheinander auf das Kissen springen. Wer als BetreuerIn möglichst wenig reglementieren möchte, sollte die Kinder nacheinander durch einen Kriechtunnel schicken, ehe sie auf das Luftkissen dürfen.

4. Schuhe, Brillen und „lose Gegenstände" (Umhängeportemonnaie, Schlüssel usw.) sollten wegen der Verletzungsgefahr vorher abgegeben bzw. abgelegt werden.

5. Bei stärkerem Wind empfiehlt es sich außerdem, das Luftkissen an den dafür vorgesehenen Ösen im Boden zu verankern.

Luftschlangen

(Riesenluftschlangen oder Luftzylinder)

SpielerInnen: 3 – 8	Alter: ab 5 Jahre	BetreuerInnen: 1	Platzbedarf: ca. 40 qm
Spielart: Bewegung/ Geschick- lichkeit	Spielform: Gruppenspiel Einzelspiel	Spielort: drinnen draußen	Anschaffung: kaufen leihen
Material: Luftschlange 60 – 80 cm Durchmesser, 10 m lang, elektrische Luftpumpe, Ersatzstöpsel, Flickzeug			

Die ca. 80 cm dicken und 10 Meter langen Luftspielzeuge erfüllen einen ähnlichen Zweck wie die Luftkissen. Die Kinder können hier ebenfalls luftunterstützt schaukeln, wippen, balancieren usw. Allerdings können nicht so viele Kinder gleichzeitig damit bzw. darauf spielen. Der Vorteil ist, dass Luftschlangen nicht ständig an einem Gebläse angeschlossen sein müssen. Einmal aufgeblasen (ca. 5 Minuten) sind sie sofort einsatzbereit. Hier gilt aber auch, dass die Unterflächen (sinnvoll ist eine Rasenfläche) vor dem Einsatz nach spitzen oder scharfkantigen Gegenständen abgesucht werden muss, da die weiche Plastikhaut sehr empfindlich ist und schnell reißen kann.

Malstraße

SpielerInnen: 10 – 30 gleichzeitig	Alter: ab 2 Jahre	BetreuerInnen: 1	Platzbedarf: ca. 30 qm
Spielart: Kreativspiel	Spielform: Gruppenspiel Einzelspiel	Spielort: drinnen draußen	Anschaffung: kaufen (Material) selbst herstellen
Material: Papier, Tapetenrollen, Farben (Plaka- bzw. Fingerfarben), 20 – 30 Pinsel, Kreppband, Malkittel, Wasser (Kanister) zum Auswaschen der Pinsel. **Hinweis:** Große Druckereien verschenken oft die Reste der Makulaturrollen – einfach nachfragen!			

Für eine Malstraße werden viel Papier, viel Farbe, viele Pinsel und viele Malhemden benötigt – und schon kann die fantasievolle Malerei losgehen.

Am besten eignen sich alte Tapetenrollen, da die Kinder dann ein fortlaufendes Bild (z. B. eine Häuserzeile) malen können. Das Motto der Malstraße kann sich aus dem Anlass des Festes ergeben. An der Malstraße können auch schon die Zwei- bis Dreijährigen mitmalen.

TIPP: Der Papierstreifen wird entlang einer Mauer oder Häuserwand befestigt, so dass die Kinder im Stehen malen können.

ACHTUNG: Mit dem Besitzer der Mauer/ Wand reden!

Moon-cars, moon-cross und moon-harley

SpielerInnen: 1 – 2 pro Fahrzeug	Alter: ab 5 Jahre	BetreuerInnen: 1 – 2	Platzbedarf: 150 – 200 qm
Spielart: Bewegung/ Geschick- lichkeit	Spielform: Gruppenspiel Einzelspiel	Spielort: drinnen draußen	Anschaffung: kaufen leihen
Material: 2 – 3 Fahrzeuge von jeder Sorte mit Anhänger, ca. 20 Verkehrs- hütchen, Stative und Flatterband zum Absichern der Strecke, Bänder oder Kreide zum Markieren von Start und Ziel, Stoppuhren, Papier und Bleistift			

Moon-cars sind mit Kettcars vergleichbare Kinderfahrzeuge. Es gibt jedoch einen entscheidenden Unterschied – das moon-car ist nicht durch ein Lenkrad, sondern durch zwei getrennte Lenkstangen rechts und links vom Fahrer zu lenken. Besonders attraktiv ist das „moon-car"-Fahren, wenn die Kinder eine vorbereitete Hindernisstrecke auf Zeit bewältigen müssen. Es ist jedoch darauf zu achten, dass die „Rallyestrecke" nicht abschüssig ist, da ein Gefälle die Geschwindigkeit der Fahrzeuge erhöht und die Kinder sehr leicht die Kontrolle über das „moon-car" verlieren können. Das moon-car gibt es auch mit Anhänger, so dass gleichzeitig zwei Kinder damit fahren können.

Das **„moon-cross"** ist ein Crossfahrrad mit Beiwagen. Ebenfalls ein Spielgerät für zwei Kinder mit höhenverstellbarem Sitz und Luftgummirädern.
Moon-cross ist geeignet für Gelände- und Geschicklichkeitsfahrten. Oder zum Ringe- und Luftballonstechen. (siehe S. 58)

Die **„moon-harley"** hat eine Lenkstange und einen Lenker ähnlich einer Fahrradlenkung, aber eine lang nach vorne gezogene Radgabel. An die „moon-harley" lässt sich ebenfalls ein Anhänger befestigen, damit sich mindestens zwei Kinder gleichzeitig vergnügen können.

TIPP: Die Adresse der dänischen Firma finden Sie im Anhang. Die Fahrzeuge sind zwar relativ teuer, aber dafür halten sie wesentlich länger als andere Kinderfahrzeuge. Wer sich mit anderen zusammentut und gleich mehrere Fahrzeuge kauft, kann erhebliche Rabatte vereinbaren.

„moon-cross"-Ringestechen

SpielerInnen: beliebig	Alter: ab 8 Jahre		BetreuerInnen: 2	Platzbedarf: 150 – 200 qm
Spielart: Bewegung/ Geschick- lichkeit	Spielform: Gruppenspiel	Spielort: drinnen draußen		Anschaffung: kaufen leihen
Material: 1 „moon-cross" mit Beiwagen; 1 lange Stange (2 Meter, Durch- messer 2 cm); 1 Holzring (Durchmesser: 8 – 10 cm); 4 Verkehrs- hütchen für den Start- und Wendepunkt, 10 Stative oder Stan- gen und Flatterband zum Absichern der Strecke, Papier und Bleistift				

Das „moon-cross"-Ringe- oder Luftballonstechen ist dem norddeutschen Ringestechen abgeguckt, das dort zu Pferde gespielt wird.

Das „moon-cross" ist ein Fahrzeug, das einem
Fahrrad ähnelt. Es hat zusätzlich einen Beiwagen, in dem der Beifahrer neben dem Fahrer
steht.

Für das Ringestechen bekommt der Beifahrer
einen 2 Meter langen Stab, den er wie eine
Lanze vor sich her tragen muss. Ein 8 – 10 cm
großer Ring hängt an einem Band in 15 Meter
Entfernung an einem Baum, unter einem Tor,
o. Ä.

Auf ein Startzeichen fährt das „moon-cross"-
Team los auf den Ring zu und der im Beiwagen
stehende Mitspieler muss versuchen mit dem
Stab durch den Ring zu stechen, um ihn damit
von dem Haken zu holen.

Hat ein Team den Ring vom Haken geholt,
stoppt der Fahrer und ein Betreuer nimmt den
Ring vom Stab und hängt ihn für den nächsten
Durchgang wieder auf. Schafft das Team nicht
durch den Ring zu stechen, fährt es zur Startlinie zurück und nimmt einen neuen Anlauf. Jedes Team hat 3 Versuche pro Durchgang. Die
Ergebnisse werden auf einem Plakat festgehal-
ten. Wer die meisten Ringe geholt hat, hat gewonnen. Den SiegerInnnen können kleine Preise oder Pokale überreicht werden.

Multifunktionswürfel, Mani- pulier- und Aktionswände

SpielerInnen: 1 – 10	Alter: 2 – 6 Jahre		BetreuerInnen: 1 (gelegentlich)	Platzbedarf: ca. 5 qm
Spielart: Bewegung/ Geschick- lichkeit Kreativspiel	Spielform: Gruppenspiel Einzelspiel	Spielort: drinnen draußen		Anschaffung: kaufen leihen
Material: 1 Multifunktionswürfel oder die Seiten einzeln als Wandelemen- te oder Aktionswände mit den unterschiedlichsten Funktionen wie „Geometrische Grundformen", „Kugelhaus", „Kugelbahn", „Zuordnung der Grundformen", „Sortierkasten", „Zickzack- bahn", „Murmelbahn" usw., Stellwände zum Befestigen der Manipulierwände				

Wenn kleine Kinder ihre Geschicklichkeit ausprobieren können, wenn sie Kugeln von rechts
nach links schieben, Farben sortieren und
wenn dann auch noch Farbscheiben und Kugeln rollen können, dann sind sie kaum noch
von dem Spielgerät zu trennen.

Mit dem Multifunktionswürfel oder den Mani-
pulierwänden wird Kindern all das geboten
und mehrere Kinder können gleichzeitig an
den unterschiedlichen Seiten bzw. Wänden
spielen. Die Aktionswände wurden für den Bereich der Sonderpädagogik entwickelt, eignen
sich aber insbesondere wegen der Größe hervorragend für den mobilen Einsatz.

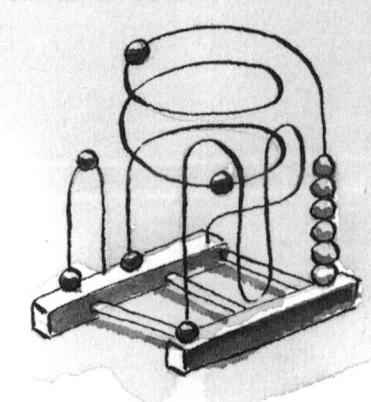

Musikinstrumentenbau

SpielerInnen:	Alter:	BetreuerInnen:	Platzbedarf:
beliebig	ab 5 Jahre	1	ca. 10 qm

Spielart:	Spielform:	Spielort:	Anschaffung:
Bewegung/ Geschick- lichkeit Kreativspiel	Gruppenspiel Einzelspiel	drinnen draußen	kaufen (Material) selbst herstellen

Material:
Werkzeug: Hammer, Dorn, Holzsäge, 5 Scheren; 5 Rollen Paket- band, 5 Rollen Klebeband, ausreichend Becher und Dosen; wenn auf dem Gelände des Spielfestes keine Materialien für die Ras- seln gesammelt werden können, müssen auch Reiskörner, Linsen oder Erbsen für die Füllung mitgebracht werden; Buntstifte, Klebefolie, Klebstoff; 2 Tische , 4 Bänke

Bei diesem Kreativangebot bauen die Kinder einfache Rassel- und Schlaginstrumente, für deren Herstellung einige Materialien bereit ge- stellt werden müssen. Da gerade hier der Phan- tasie kaum Grenzen gesetzt sind, können die Kinder aber auch vor Ort einige Materialien sammeln, z.B. kleinere Äste für Schlaghölzer; Steinchen, Sand, Eicheln oder Bucheckern für Dosen- oder Becherrasseln; Kronkorken für Schellenstäbe.

- Die **Schlaghölzer** ggf. mit einer Handsäge auf eine Länge von 15 – 20 cm kürzen.
- Für die **Rasseln** Becher oder Dosen halb mit Materialien füllen, die die Kinder gesammelt haben. (Unterschiedliche Materialien erge- ben verschiedene Rasselgeräusche.)
  Den Becher oder die Dose mit einem ent- sprechenden Deckel oder einer selbst zuge- schnittenen Pappe und mit Klebeband ver- schließen. Die „Instrumente" können zum Schluss angemalt oder mit Folien verziert werden.
- Pro **Schellenstab** wird benötigt: ein 20 – 30 cm langer Ast oder Stock, zehn 20 cm lange Paketbänder und 10 Kronkorken.

Durch die Kronkorken ein Loch bohren oder schlagen. Das Paketband durchstecken und vor und hinter dem Loch einen Knoten in das Band machen, so dass der Kronkorken nicht abfallen kann. Sind alle Bänder mit einem Kronkorken bestückt, werden die Bänder mit Kreppband an ein Ende des Astes oder des Stocks befestigt.

Je nach dem, wie viele „Instrumente" gebaut wurden, bietet sich natürlich an, am Ende des Spielfestes mit den Kindern einen Rasselumzug zu veranstalten, um die Wintergeister, die Schlafgespenster usw. zu vertreiben.

Nagelbalken

SpielerInnen: beliebig	Alter: ab 5 Jahre	BetreuerInnen: 1	Platzbedarf: ca. 4 qm
Spielart: Bewegung/ Geschick- lichkeit	Spielform: Einzelspiel	Spielort: drinnen draußen	Anschaffung: kaufen (Material) selbst herstellen
Material: Balken (10 x 10 cm, 2 Meter lang), ausreichend 8 – 10 cm lange Nägel, Hammer, Holzböcke, Schraubzwingen			

Am Nagelbalken können Kinder Kraft und Geschicklichkeit messen. Es gilt nämlich einen Nagel möglichst gerade und möglichst mit einem Schlag in ein Holz zu hämmern. Eine Aufgabe, bei der auch Erwachsene erhebliche Probleme haben dürften!
Dieses Spiel lässt sich immer gut einsetzen, gerade wenn die knappe (Vereins-, Kindergarten- oder Schul-) Kasse keine teuren Spielgeräteanschaffungen zulässt.

Papierschöpfen

SpielerInnen: beliebig	Alter: ab 8 Jahre	BetreuerInnen: 1	Platzbedarf: ca. 10 qm
Spielart: Kreativspiel	Spielform: Einzelspiel	Spielort: drinnen draußen	Anschaffung: kaufen (Material) leihen selbst herstellen
Material: Schöpfrahmen (DIN A4-Größe), große Schüssel (Betonmischfass), Altpapier (Zeitungen), 20 Trockentücher, Wasser, Materialien zum Verzieren der Papierbögen, viel Sonne zum Trocknen oder ein Föhn, Verlängerungskabel			

Papierschöpfen ist eine gute Gelegenheit, den Kindern zu zeigen, wie Rohstoffe wiederverwertet werden können. Hier das Holz, das zu Papier verarbeitet wurde.

- Dazu muss das Papier erst wieder in kleine Holzfaserstücke aufgelöst werden: das Altpapier in möglichst kleine Schnipsel reißen und ungefähr eine Stunde in Wasser einweichen, um es anschließend zusätzlich zu vermanschen bis keine Stücke mehr zu erkennen sind, sondern lediglich ein zugegeben etwas undefinierbarer Brei.
- Den Schöpfrahmen, der aus einem Holzrahmen und einem feinmaschigen Netz besteht, einmal kurz in den „Brei" tauchen. Den Rahmen waagerecht aus dem Wasser heben, so dass auf dem Sieb eine faserige Schicht liegt. Diese muss durchgehend geschlossen sein, sonst bleiben hinterher Löcher im Papierblatt.
- Das Wasser abtropfen lassen – das (jetzt noch feuchte) neue Blatt Papier ist schon zu erkennen.
- Jetzt ist Zeit, das Blatt mit Konfetti oder Trockenblumen zu verzieren.

- Über die verzierte Papierschicht ein Trockentuch legen, den letzten Rest Wasser abtupfen und den Rahmen vorsichtig umdrehen.
- Das Papierblatt auf dem Trockentuch zum Austrocknen liegen lassen oder wenn es schnell gehen muss, mit dem Föhn trocknen.

TIPP: Oft stellen Umweltämter das Material (Schöpfrahmen, Wannen) zur Verfügung.

Papiertütenmasken

SpielerInnen: 10 – 30 gleichzeitig	Alter: ab 3 Jahre	BetreuerInnen: 1 – 2	Platzbedarf: ca. 30 qm
Spielart: Kreativspiel	Spielform: Gruppenspiel Einzelspiel	Spielort: drinnen draußen	Anschaffung: kaufen (Bastelmaterial) selbst herstellen
Material: Papiermüllsäcke (im Baustoffhandel als Beipacksack), Scheren, Tacker, Plaka- bzw. Fingerfarben, 20 – 30 Pinsel unterschiedlicher Größe und Breite, Krepppapier, Klebstoff und für die Kinder alte Hemden bzw. Kittel			

Das Rezept ist ganz einfach: Gebraucht werden große Papiertüten, so genannte Beipacksäcke für Sand oder Zement, eine Schere, Farbe und Pinsel sowie Krepppapier und Klebstoff – und schon kann es losgehen!

- Die Papiertüte mit Augenmaß anpassen und die ersten Löcher hinein schneiden. Die Armlöcher können höher oder tiefer angesetzt werden, je nachdem, ob der Kopf heraus gucken soll oder nicht. Danach richtet es sich, ob zusätzlich ein Halsausschnitt oder Augen-, Mund- und Nasenschlitze die Maske verzieren sollen.
- Den Sack bemalen und/oder mit Krepppapier bekleben und/oder mit noch mehr Löchern versehen – der Fantasie der Kinder sind keine Grenzen gesetzt.

Sobald die Farbe und/oder der Klebstoff getrocknet ist, können die Kinder die Säcke überziehen. Am Schluss des Spielfestes sollten die Papiertütenmasken prämiert werden. Die Kinder ziehen dafür alle hintereinander über das Spielfest hin zur Bühne. Wenn sie dabei auch noch mit selbst gebastelten Rasseln (siehe Seite 59) Lärm machen könnten, wäre selbst der letzte „böse Geist" verjagt. (Bei der Preisauswahl sollte bedacht werden, dass möglichst alle Kinder „belohnt" bzw. prämiert werden.)

Pedalos

SpielerInnen:	Alter:	BetreuerInnen:	Platzbedarf:
1 – 2 pro Gerät	ab 4 Jahre	1 (gelegentlich)	ca. 20 qm
Spielart:	**Spielform:**	**Spielort:**	**Anschaffung:**
Bewegung/ Geschick- lichkeit	Gruppenspiel Einzelspiel	drinnen draußen	kaufen leihen
Material: 2 – 4 Pedalos von jeder Sorte			

Pedalos gehören in das Bewegungsprogramm eines Spielfestes. Diese Spielgeräte sind zwar in erster Linie entwickelt worden, um die Konzentration, den Gleichgewichtssinn, das Balanceverhalten, die Körperkontrolle und das Sozialverhalten anzusprechen und zu trainieren, aber mittlerweile haben sich die Pedalos in den unterschiedlichsten Varianten so durchgesetzt, dass sie wirklich überall zum Einsatz kommen: Im Kindergarten, in der Schule und auf den Spielfesten. Es gibt auch schon einige Firmen, die die Pedalos in unterschiedlichster Art und Qualität nachbauen, aber auch Pedalo hat sich weiterentwickelt und bietet weitere Rollgeräte an: Das Basis-Rollbrett, die Fußgymnastikrollen, das pedo-bike, ein Holz-Laufrad für Menschen von 1 1/2 bis 99 Jahren und ein Kombi-Pedalo, etwas kleiner als ein Reha-Pedalo, aber doch so groß, dass zwei Kinder hintereinander darauf stehen und gemeinsam damit fahren können.

Diese Gymnastikgeräte sind sehr stabil und bei Kindern sehr beliebt. Die achsenversetzten Trittbretter machen ein Auf und Ab in der Fahrbewegung möglich. Deshalb erfordert Pedalo-Fahren höchste Konzentration und Geschicklichkeit.

Während auf dem Einzel- und Doppelpedalo jeweils nur ein Kind stehen und sich fortbewegen kann, sind die Reha-Pedalos für zwei Kinder geeignet. Zusammen „fahren" bedeutet doppelten Spaß. Außerdem müssen die Tretbewegungen mit dem Partner koordiniert werden, sonst verlieren beide das Gleichgewicht. Zur Sicherheit können an das Reha-Pedalo in der Höhe verstellbare Haltegriffe angeschraubt werden, an denen sich das Kind, das vorne steht, festhalten kann. Eine gute Vorübung für das Fahren auf den anderen Pedalos, bei denen die Haltegriffe fehlen und es auf das Balancehalten ankommt.

Die Pedalos unbedingt auf ebener, glatter Fläche einsetzen, damit die Geschwindigkeit nicht zu hoch werden kann!

TIPP: Die Pedalos nur bei trockenem Wetter einsetzen! Sie sind sehr robust, halten aber trotz wasserfest verleimter Holzplatten, die auch für die Räder benutzt werden, nicht allzuviel Nässe aus. Werden die Räder nass, dringt Wasser in das Leimholz, es quillt mit der Zeit auf und Räder und Trittbretter schleifen aneinander, wodurch sich das Pedalo nur noch schwer bis gar nicht mehr bewegen lässt.

HINWEIS FÜR DIE ELTERN:
Keine übertriebene Ängstlichkeit zeigen! Die Kinder beherrschen die Pedalos viel schneller als wir Erwachsenen. Ohne die hilfreiche Hand der Mutter oder des Vaters kommt das Kind außerdem viel schneller mit dem Spielzeug alleine zurecht!

Pendelball oder Twistball

SpielerInnen: 2	Alter: ab 5 Jahre	BetreuerInnen: 1 (gelegentlich)	Platzbedarf: ca. 12 qm
Spielart: Bewegung/ Geschick- lichkeit	Spielform: Gruppenspiel Einzelspiel	Spielort: draußen	Anschaffung: kaufen leihen selbst herstellen
Material: 1 Stahlrohrstange, 1 Band mit einem Ball und 2 Schläger			

Ein Spiel für zwei Kinder, die sich ungefähr in einem Abstand von 2 Metern gegenüberstehen.

In der Mitte zwischen den beiden Kindern steckt eine zweiteilige Stahlrohrstange im Boden (Länge zusammengesetzt ca. 1,80 Meter). Am oberen Ende der Stange wird ein etwa 1,50 Meter langes Band, an dessen Ende wiederum ein Ball befestigt.

Nun bekommt jedes Kind einen Holz- oder Plastikschläger und ein Kind fängt an, den Ball am Band um die Stange herum zu schlagen. Das Kind auf der gegenüber liegenden Seite muss versuchen den Ball zu treffen und zurück zu schlagen. Man kann das Band auch ein bis zweimal um den Stab wickeln lassen, bevor man den Ball zurückschlägt.

Das Spiel kann auch von einem Kind alleine gespielt werden indem es den Ball immer einmal um die Stange herumschlägt und ihn in die andere Richtung zuruckschlägt usw.

Pushball

SpielerInnen: 10 – 40 Gerät	Alter: ab 8 Jahre	BetreuerInnen: 1 – 2	Platzbedarf: ca. 250 qm
Spielart: Bewegung/ Geschick- lichkeit	Spielform: Gruppenspiel	Spielort: drinnen draußen	Anschaffung: kaufen leihen
Material: 1 Riesenball, je nach Alter/Größe der SpielerInnen von 90 cm bis 1,80 Meter Durchmesser, Stöpsel, Handluftpumpe oder elektrische Luftpumpe, Kreide (Kreidewagen) für Begrenzungslinien, 4 Eckfahnen, 2 Ständer (2 Meter hoch), Leine (ca. 15 Meter lang)			

Pushballspiele sind auch für größere Gruppen geeignet. Die Größe des Balls sollte sich nach dem jeweiligen Alter der Kinder bzw. ihrer Größe richten.

Für Kinder bis 10 Jahre reicht ein Ball mit einem Durchmesser von 80 – 90 cm und für Kinder über 10 Jahre kann schon der Riesenball (S. 68) eingesetzt werden mit bis zu 1,80 Meter Durchmesser.

Das Spielfeld für diese Ballspiele ist 10 x 20 Meter und in der Mitte durch eine 1,50 – 2 Meter hohe Leine geteilt.

Jetzt können sich Mannschaften mit bis zu 20 Mitspielern bilden, die den Pushball nach folgenden Spielregeln spielen können:

1. Spielen ohne Regel: Der Ball darf getragen, geworfen, gefangen, gerollt oder geschubst werden – Hauptsache er überquert die gegnerische Grundlinie.

2. Bei diesen Spielregeln muss der Ball ebenfalls das gegnerische Feld erreichen, allerdings darf der Ball nur in der Luft gehalten werden.

3. Spielregeln wie unter 2, nur darf niemand mit dem Ball mehr als zwei Schritte laufen.

R

Radfanggarnitur

SpielerInnen: 2 gleich-zeitig	Alter: ab 5 Jahre	BetreuerInnen: 1	Platzbedarf: ca. 20 – 30 qm
Spielart: Bewegung/ Geschick-lichkeit	Spielform: Gruppenspiel	Spielort: drinnen draußen	Anschaffung: kaufen selbst herstellen
Material: 2 Fanggabeln (94 cm lang), 1 Rad (21 cm Durchmesser)			

Ein rasantes Spiel für zwei Kinder, die sehr viel Konzentration und Geschicklichkeit zeigen müssen. Mit Schwung stößt das eine Kind das Rad dem anderen Kind zu, das es mit Hilfe der „Gabel" auf- bzw. einfängt. Je weiter die Kinder auseinander stehen, desto schwieriger ist das Auffangen des Rades. Unter Berücksichtigung der Sicherheit der anderen SpielfestteilnehmerInnen sollte die Spielfläche durch Spielfeldbande, Spielwände, Tore oder Bordsteine begrenzt werden. Denn das Rad, je stärker es abgestoßen wird, kann eine sehr hohe Geschwindigkeit erreichen und damit eine zu große Verletzungsgefahr für andere sein.

Der oder die Betreuerin sollte das Spiel unbedingt immer beobachten und ggf. eingreifen, wenn die Kinder das Rad zu feste und/oder unkontrolliert abstoßen.

Rallye

SpielerInnen: 2 – 4 pro Gruppe	Alter: ab 6	BetreuerInnen: 1	Platzbedarf: ca. 4 qm (Treffpunkt)
Spielart: Bewegung/ Geschick-lichkeit Kreativspiel	Spielform: Gruppenspiel	Spielort: draußen	Anschaffung: selbst herstellen
Material: Ausreichend Teilnahmebögen (50 – 100 Stück je nach erwarteter Teilnehmerzahl), geschrieben in für Kinder lesbarer Schreibschrift, 50 – 100 Bleistifte, Luftballons, rohe Eier, 50-Pfennig-Münzen, 2 Tische, ein Bandmaß, eine Tafel oder Pin-Wand für die Bekanntmachung der teilnehmenden Kinder und anschließend für die Gewinner			

Eine Rallye kann ein guter Einstieg in ein Spielfest sein. Die Kinder lösen einerseits ein paar lustige Aufgaben, sie lernen andererseits aber auch die Gegend rund um das Spielfest mit anderen Augen zu sehen. Mit der Rallye können nützliche Informationen abgefragt bzw. übermittelt werden; z. B. wann der Apotheker Notdienst hat, der Bus fährt usw.

Bei dieser Gelegenheit werden Kinder auf spielerische Art und Weise mit den kulturellen und sozialen Einrichtungen ihrer Stadt vertraut gemacht. Ganz sicher ist dies ein Anstoß, der einige dazu bewegt, später einmal diese Einrichtungen zu besuchen. Auch Gästegruppen erhalten mit Hilfe solcher Erkundungsspiele einen schnellen Überblick über einen für sie fremden Ort.

Zu Beginn dieser Rallye erhalten die Kinder einen Teilnahmeschein. Außerdem gibt es noch andere Utensilien: ein rohes Ei, ein 50-Pfennig-Stück, einen Luftballon, die in das Spiel mit eingebaut werden.

Das rohe Ei müssen die Kinder unterwegs kochen lassen. Wie? Das bleibt ihnen überlassen. Mit dem 50-Pfennig-Stück sollen die TeilnehmerInnen das größte Teil kaufen, das sie bekommen können (falls Geschäfte auf dem Weg liegen) und den Luftballon müssen sie so prall wie möglich aufblasen. Wenn er dabei platzt, gibt es dafür keine Punkte. Ansonsten wird der Luftballon mit dem größten Umfang bewertet.

Auf dem Teilnahmeschein finden die Kinder zugleich die Wegbeschreibung und die dazugehörenden Fragen. Die Rallye sollte so angelegt sein, dass sie die TeilnehmerInnen an interessante, möglicherweise unbekannte Orte ihrer Stadt oder Wohngegend führt – zu diesen sollten dann auch die Fragen gestellt werden. Interessant sind z. B. Museen, Theater, Parkanlagen, Denkmäler, aber auch alte Häuser mit einem besonderen Erker, mit Fensterbildern oder der Jahreszahl des Hausbaus usw.

Der Start der Rallye ist gleichzeitig auch das Ziel. Hier müssen die Kinder ihren ausgefüllten Fragebogen, das gekochte Ei und den Einkauf abgeben. Nun werden nach einem vorher festgelegten Punktsystem die Sieger ermittelt, für die es interessante Preise gibt.

TIPP 1: Gruppen nur mit zwei bis vier TeilnehmerInnen losschicken. Kinder sind doch ängstlicher als Erwachsene glauben. Und: Mindestens ein oder besser zwei Kinder sollten so alt sein, dass sie lesen und schreiben können. Eine Rallye bietet sich auch als Aktion für die ganze Familie an. Dann sollten allerdings wegen der Chancengleichheit auch **nur** Familien auf den Weg geschickt werden.

TIPP 2: Vorher sollten zwei jüngere BetreuerInnen die Rallye gelöst haben, damit abgeschätzt werden kann, wie lange die Kinder etwa unterwegs sein werden. Das ist wichtig für die Planung des Spielverlaufs.

Z. B. wann die letzte Gruppe auf den Weg geschickt werden kann, damit sie rechtzeitig zur geplanten Preisverleihung wieder da ist. Aber auch zur Kontrolle. Wenn eine Gruppe zu lange unterwegs ist, sollte sie u. U. gesucht werden.

Die Vorbereitung einer solchen Rallye dauert etwa vier Stunden, weil die Spielleitung den Weg der Rallye exakt so abgehen muss, wie beim Spielfest die Kinder. Es sollte nichts dem Zufall überlassen bleiben. Bei der Wegsuche sollte die Spielleitung alle wichtigen Details in ein Diktiergerät sprechen oder aufschreiben. Anschließend muss der Rallyebogen noch geschrieben und ca. 100 Mal kopiert werden.

HINWEIS: Länger als 30 bis 45 Minuten darf eine Rallye nicht dauern!

Nachfolgend ein Beispiel für eine Rallye, die für Kinder zwischen 6 und 10 Jahren konzipiert ist. In einer kurzen Einführung wird erklärt, was die Kinder während der Rallye unbedingt beachten müssen. Das sollten sich die Kinder durchlesen, bevor sie losgehen, damit sie noch Fragen stellen können, wenn etwas unklar ist.

Die Stadt-Kennenlern-Rallye

„**HALT!** Noch nicht loslaufen!" Es geht bei diesem Spiel nicht um Schnelligkeit, sondern darum, alle Aufgaben zu lösen und alle Fragen richtig zu beantworten. Die Fragen könnt ihr entweder durch genaues Beobachten an Ort und Stelle beantworten oder durch Befragen der vielen netten Leute, die hier in der Stadt herumlaufen.
Beim „Herumlaufen" solltet ihr nicht die vielen Autos vergessen, die fast immer im Wege stehen. Deswegen gibt es ja auch eine Menge Bürgersteige, Zebrastreifen und Ampeln mit roten und grünen Männchen, auf die ihr während des Spieles immer Acht geben müsst.

WICHTIG! Vergesst nicht zwischendurch das Ei kochen zu lassen und euren Einkauf zu tätigen!

Jetzt geht es aber los und rechts in die nächste Straße. Diese überqueren und auf der linken Seite immer geradeaus unter der Eisenbahnbrücke hindurch bis zur Ampel gehen. Die Ampel bei Grün überqueren und weiter geradeaus und schließlich durch die Passage des Möbelhauses mit dem Namen ....

Aus der Passage heraus und links hinunter auf diese große Kirche zu.
Die Kirche heißt ....

Seid ihr schon an der Kirche? Gegenüber steht irgendwo ein Brauhaus mit dem
Namen .... und das Besondere an diesem Haus ist:

....

Richtig! Und weiter geht's, ganz viele Treppen hoch: (Wie viele? ....)
Da müsst ihr rauf. Wenn ihr jetzt direkt vor Mc D. steht, dann seid ihr falsch – ihr müsst 200 m weiter links gehen. Ihr seid richtig wenn am Ende der Treppe auf einem Sockel so ein komischer Typ mit ´ner Art Nachthemd und ´ner Tröte in der Hand steht, neben sich ein Hund.
Es ist das Denkmal unseres ....
und wurde geschaffen von ....

Stellt euch vor dieses Denkmal, geht von da aus links hoch bis zu den Stadtwerken Und daran noch vorbei bis zur Ampel. Wenn ihr jetzt geradeaus blickt, schaut ihr auf ein ca. 10 m hohes rostiges Gebilde. Es ist das Denkmal ....
und stammt von dem weltberühmten Künstler: ....
Fragt einfach einen Passanten. Hier kennt jeder das Kunstwerk und den Künstler, weil jahrelang darüber gestritten wurde, ob das denn wohl Kunst sei oder nicht.

Überquert die Straße an der Ampel und lasst euch ein Stück weiter geradeaus mit Hilfe der Rolltreppen in die Erde hinab. Unten angekommen sucht ihr nach einem Mosaikbild mit ganz vielen Motiven dieser Stadt. Welche sind das? ....

Ihr fahrt die Rolltreppe rechts vom Bild hoch und landet in der Halle des Hauptbahnhofes. Dort kostet das heiße Würstchen mit Brötchen genau DM/Euro ....

Vorne raus aus dem Bahnhof und rechts am City-Point vorbei seht ihr groß und breit das Rathaus. Davor steht eine Riesenglocke, die genau .... kg wiegt und einen Durchmesser von .... Fuß hat. Außerdem befindet sich im Innenhof des Rathauses ein Glockenturm mit einem Glockenspiel, das um 19.00 Uhr das Lied anstimmt: ....

Daneben, im Informationszentrum, werdet ihr sofort erfahren, wie die 2 Partnerstädte dieser Stadt heißen, nämlich ....

Jetzt aber raus aus dem Rathaus, noch einmal durch die Citypassage – aber in die andere Richtung und sofort danach links die Straße hinunter Richtung Stadtpark bis zum Ende durchgehen und ihr seid fast am Ziel.

Regenbogenmatte

SpielerInnen:	Alter:	BetreuerInnen:	Platzbedarf:
4 – 10	ab 1 Jahr	keine	ca. 6 qm
Spielart:	**Spielform:**	**Spielort:**	**Anschaffung:**
Bewegung/ Geschicklichkeit	Gruppenspiel Einzelspiel	drinnen draußen	kaufen leihen

Material:
2 – 4 Turnmatten mit speichel- und schweißfestem PVC-Überzug und Schaumstoffkern (Größe: 122 x 122 x 3,5 cm oder 244 x 122 x 3,5 cm)

Diese Regenbogenmatte kann als Turnmatte genutzt werden genauso wie im Kleinkinderspielbereich zum Krabbeln oder vor dem Luftkissen ausgelegt werden, damit Kinder sich beim Herunterhüpfen vom Luftkissen nicht verletzen. Die Matte in den Regenbogenfarben ist äußerst leicht, platzsparend zusammenfaltbar, stabil und reißfest und kann obendrein noch mit mehreren Regenbogenmatten zu einer riesigen Turnmatte verbunden werden, weil an den Seiten zusätzlich Klettverschlüsse angebracht sind. Außerdem lässt sich die Matte sehr leicht abwaschen.

Riesenball oder Erdkugel

SpielerInnen:	Alter:	BetreuerInnen:	Platzbedarf:
beliebig	ab 5 Jahre	1 – 3	ca. 150 – 1000 qm
Spielart:	**Spielform:**	**Spielort:**	**Anschaffung:**
Bewegung/ Geschick- lichkeit	Gruppenspiel	drinnen draußen	kaufen leihen
Material:			
1 oder 2 Riesenbälle aus PVC, Durchmesser ca. 180 cm			

Für den Riesenball gibt es eine Reihe von Einsatzmöglichkeiten, die für ein großes Spielfest geeignet sind.

Zum einen bei Großgruppenspielen: Dafür müssen sich mindestens 50 bis 100 oder mehr Kinder in einem großen Kreis aufstellen. Wenn es die Teilnehmerzahl zulässt, können die Kinder auch nebeneinander stehend einen Riesenkreis bilden und die Arme nach oben strecken. Der Riesenball wird jetzt von der Spielleitung auf die Hände der Kinder gehoben und die müssen ihn über ihren Köpfen im Kreis wandern lassen. So sollte der Ball mehrere Runden zurücklegen. Damit das auch gelingt, müssen zwei BetreuerInnen (einer im Innenkreis, einer außen) den Weg des Balls begleiten und ihn, falls notwendig, auf die Hände der Kinder zurückbalancieren. Das hört sich einfacher an als es ist. Der Ball bekommt über den Köpfen der Kinder „schwebend" eine ziemliche Geschwindigkeit und die BetreuerInnen müssen ebenfalls sehr schnell sein um immer auf der Höhe des Balles zu sein. Trotzdem ist dieses Spiel ein sehr schönes Gruppenerlebnis, von dem die Kinder noch lange sprechen werden.

Der Ball kann aber auch für einen Hindernisparcours eingesetzt werden: Fünf bis zehn Kinder müssen den Ball über eine Hindernisstrecke rollen. Das können sein: eine Wand, die umrollt werden muss; eine Mauer, über die man den Ball hieven muss (Achtung: auf der anderen Seite der Mauer muss der Ball aufgefangen werden, sonst rollt er womöglich weg); ein Gefälle, auf dem die Kinder den Ball anhalten müssen; ein Berg, auf den der Ball hinauf gerollt werden muss usw. Dieses Spiel ist auch für Mannschaftswettkämpfe geeignet, wobei der Ball zusätzlich in einer bestimmten Zeit über den Parcours gerollt werden soll.

Aber auch ohne eine gezielte Aufgabenstellung finden sich immer Kinder, die sich mit dem Ball beschäftigen. Für dieses „Freispiel" sollte die Fläche eben und durch Absperrbänder gesichert sein. Am besten eignet sich eine große Wiesenfläche. Auch hier gilt: Vor dem Einsatz des Balles die Spielfläche nach Scherben und anderen scharfen bzw. spitzen Gegenständen absuchen, damit der Ball mindestens das Spielfest übersteht.

TIPP: Auch das Aufpumpen und selbst hinterher das Abpumpen des Riesenballes kann schon mit in das Spielgeschehen einbezogen werden. Die Kinder helfen dabei mit Begeisterung und nehmen sogar Wartezeiten in Kauf, um einmal pumpen zu dürfen.

Für den Einsatz in einem Außengelände eignet sich in erster Linie ein Riesenball, der etwa 200,– bis 250,– DM kostet. Der als Erdball bekannte, etwa viermal so teure Riesenball eignet sich besser für den kontrollierbaren Einsatz in Turnhallen, da selbst kleinste Nägel und Scherben den Ball zum Platzen bringen. Dabei entstehen so große Risse, dass eine Reparatur in der Regel unmöglich ist. (Stand 2001)

Riesenbausteine

SpielerInnen: 10 – 20 gleichzeitig	Alter: ab 5 Jahre	BetreuerInnen: 1 (gelegentlich)	Platzbedarf: ca. 50 – 100 qm
Spielart: Bewegung/ Geschicklichkeit Kreativspiel	Spielform: Gruppenspiel Einzelspiel	Spielort: drinnen draußen	Anschaffung: kaufen leihen
Material: je nach Größe des Spielfestes 1 bis 4 Sätze der Riesenbausteine und 1 – 2 Kugeln			

Riesenbausteine sind sehr groß und bestehen aus Dreiecken, Brücken, Durchschlupfsteinen und Rollen. Sie sind trotz ihrer Größe leicht zu transportieren und eignen sich zum Bauen, Draufsitzen, Durchkriechen und Balancieren. Dazu gibt es zusätzlich Kugeln (Durchmesser 90 cm) mit vier großen und drei kleinen Rundöffnungen zum Hinein- und Hinauskriechen. Wind und Wetter können diesen Großbausteinen nichts anhaben. Die Kugeln sollten nur auf einer ebenen, möglichst Rasen-Fläche eingesetzt werden.

TIPP: Alternativ dazu gibt es große Bausteine, die wie überdimensionale Legosteine aussehen und genauso verbaut werden können.

Riesenmikado-Stabspiel

Die Riesenmikado-Stäbe eignen sich auch für ein Großgruppenspiel: Das so genannte Stabspiel. Es kann im Laufe des Spielfestes von der Spielleitung immer wieder angeboten werden. Für dieses Kreis- oder Ausscheidungsspiel bekommt jedes Kind einen Mikadostab, den es mit ausgestrecktem Arm senkrecht vor sich aufstellt. Der Kreis bewegt sich links herum, so dass alle Kinder den Stab mit der rechten Hand festhalten müssen. Der Abstand zwischen den Kindern sollte so groß sein, dass sie den Stab des linken Nachbarn mit einem Schritt zur Seite auffangen können, wenn bei „3" alle Kinder gleichzeitig ihren Stab loslassen und einen Schritt nach links machen.

Das sollte vorher mehrmals mit der Gruppe geübt werden, bevor es richtig losgeht. Denn bei dem Spiel scheiden die Kinder aus, die entweder ihren Stab nicht losgelassen haben, ihren Stab extra so fallen lassen, dass kein anderer ihn auffangen kann, in die falsche Richtung gehen oder den Stab des linken Nachbarn nicht auffangen konnten. Wenn sich zum Schluss nur noch zwei Kinder gegenüberstehen, muss die Spielleitung die Abstände der Kinder von Mal zu Mal vergrößern, um so das Auffangen des Stabes zu erschweren.

Riesenmikado

SpielerInnen: 2 – 4 oder 15 – 30	Alter: ab 6 Jahre	BetreuerInnen: 1	Platzbedarf: ca. 35 – 30 qm
Spielart: Bewegung/ Geschicklichkeit	Spielform: Gruppenspiel	Spielort: drinnen draußen	Anschaffung: kaufen leihen selbst herstellen
Material: 1 Riesenmikadospiel mit 20 bis 30 Stäben, 125 cm lang			

Das Riesenmikado-Spiel entspricht einem ganz gewöhnlichen, kleinen Mikado-Spiel – es ist nur um ein Vielfaches größer! Ziel des Spiels ist es, möglichst viele der Mikadostäbe aus einem übereinander geworfenen Haufen abzuheben, ohne die restlichen Stäbe zu berühren oder in Bewegung zu setzen. Gewonnen hat, wer am Ende des Spiels die meisten Mikadostäbe erspielt hat.

stoff bezogen sind, kann dieses Riesenpuzzle außer bei gutem Wetter nur in Räumen genutzt werden.

Die andere Variante der Riesenpuzzles sind die Puzzle-Matten mit einer Plattengröße von 30 x 30 cm mit insgesamt 24 Puzzle-Matten und 20 Randabschlüssen. Diese Matten gibt es auch noch mit herausnehmbaren Zahlen und Buchstaben.

Riesenpuzzle

SpielerInnen: 3 – 4	Alter: ab 3 Jahre	BetreuerInnen: 1	Platzbedarf: ca. 4 – 8 qm
Spielart: Bewegung/ Geschick- lichkeit Kreativspiel	Spielform: Gruppenspiel Einzelspiel	Spielort: drinnen draußen	Anschaffung: kaufen leihen selbst herstellen
Material: Riesenpuzzle selbst hergestellt, als sechsteilige Matratze oder als Puzzlematten			

Auch bei den Puzzles hat sich der Trend fortgesetzt, dass viele Spiele und Spielgeräte, die als Tisch- oder Zimmerspiele erfunden wurden, für große Spielfeste überdimensional vergrößert wurden. Die traditionellen Puzzleteile habe ich allerdings immer nur als selbstgebaute Versionen vorgefunden bzw. selbst hergestellt, weil es sie so nicht zu kaufen gibt. Riesenpuzzles kaufen kann man z. B. als Matratze: Das sind sechs große Puzzletiere, die zu einer Spielmatratze zusammengesetzt werden können. Dabei halten die Tierelemente so fest zusammen, dass die Kinder auf der Liegematte herumtoben können. Die Größe der zusammengelegten Matratze beträgt 160 x 80 x 20 cm. Da die Schaumstoffelemente mit Baumwoll-

Riesenpuzzle zum Selbstbauen

SpielerInnen: 3 – 4	Alter: ab 8 Jahre	BetreuerInnen: 1	Platzbedarf: ca. 4 – 8 qm
Spielart: Bewegung/ Geschick- lichkeit Kreativspiel	Spielform: Gruppenspiel Einzelspiel	Spielort: drinnen draußen	Anschaffung: kaufen (Material) selbst herstellen
Material: 240 x 120 cm große und 18 mm dicke Tischlerplatte, Stichsäge, Feile, Schmirgelpapier, Zimmermannsbleistift, farbige Holzlasur			

Ein Riesenpuzzle kann in einer „Holzwerkstatt" mit (etwas älteren) Kindern im Rahmen eines Spielfestes selbst hergestellt werden.

- Auf die Tischlerplatte ein Motiv (selbst entworfen oder nach Vorlage) aufzeichnen und mit farbiger Holzlasur ausmalen. (Es ist sinnvoll die Umrisse der Einzelteile bereits wellenförmig vorzuzeichnen, so kann das Bild leichter strukturiert werden, da die späteren Verbindungen erkennbar sind.)
- Die getrocknete Platte ähnlich einem kleinen Puzzle wellenförmig zersägen. (Diese Arbeit mit der Stichsäge muss von einem Erwachsenen durchgeführt werden.)
- Die Sägeschnitte mit Feilen oder Schmirgelleinen entgraten.

Das Spiel kann beginnen!

Riesenrad

SpielerInnen: 2 – 4	Alter: ab 8 Jahre	BetreuerInnen: 1 – 2	Platzbedarf: ca. 100 qm
Spielart: Bewegung/ Geschick- lichkeit	Spielform: Gruppenspiel	Spielort: drinnen draußen (Rasensport- platz)	Anschaffung: kaufen leihen
Material: 1 Riesenrad aufblasbar, 1 Gebläse, Verlängerungskabel			

Mit diesem Riesenrad können sich Kinder fast wie mit einem Rhönrad bewegen – nur umfallen können sie damit nicht so schnell. Ein Hand- oder Kopfstand ist ohne Schwierigkeiten meisterbar, insbesondere wegen der weichen Innenhaut. Oder die Kinder laufen wie die Hamster oder legen sich einfach nur rein, um sich von anderen hin- und herwippen zu lassen.

Sicherheitshalber sollte das Riesenrad nur drinnen eingesetzt werden, in einer Turnhalle oder Pausenhalle. Auf einem ebenen Rasensportplatz würde ich das Risiko auch noch eingehen. Auf einem abschüssigen Gelände sollte es nicht eingesetzt werden, das Riesenrad könnte eine zu hohe Geschwindigkeit bekommen und dann hält niemand dieses große Rad auf.

Das Riesenrad ist aufblasbar und wird in zwei unterschiedlichen Größen geliefert: 245 cm Außendurchmesser, (Innendurchmesser 145 cm) und 280 cm Außendurchmesser, (Innendurchmesser 180 cm). Beide Riesenräder sind 250 cm breit. Damit ist das Riesenrad für Kinder ab etwa 7 Jahren interessant und für Erwachsene bis 1,80 Meter.

Riesenschlange

SpielerInnen: 100 – 1000	Alter: ab 8 Jahre	BetreuerInnen: 1 – 2	Platzbedarf: ca. 1000 qm
Spielart: Bewegung/ Geschick- lichkeit	Spielform: Gruppenspiel	Spielort: drinnen (Halle) draußen	Anschaffung: selbst herstellen
Material: Mikrofonanlage oder Megafon			

Ein weiteres Spiel mit dem die Großgruppen draußen im Park oder in der Halle begeistert werden können.

Die Spielleitung benötigt eine Mikrofonanlage, um alle über das Spiel informieren zu können. Dann nimmt eine Betreuerin oder ein Betreuer den ersten besten Spielfestteilnehmer an die Hand. Die beiden gehen los und fordern andere auf, sich ähnlich wie bei der Polonaise hinten anzuschließen.

Dabei geht die Schlange immer weiter und wird länger und länger. Die Schlange kann sich natürlich auch verknoten oder über Hindernisse steigen. Aber niemals die Hände loslassen. Möglicherweise bildet sich noch eine zweite oder dritte Schlange, die sich mit der ersten verknotet. Das lässt sich nicht vermeiden, stört aber auch den Spielablauf nicht im Geringsten.

Ringestechen (mit moon-cross)

(Spielbeschreibung siehe Seite 58)

Ringwurfspiel

SpielerInnen: beliebig	Alter: ab 4 Jahre	BetreuerInnen: 1	Platzbedarf: ca. 4 qm
Spielart: Bewegung/ Geschick-lichkeit	Spielform: Gruppenspiel Einzelspiel	Spielort: drinnen draußen	Anschaffung: kaufen leihen selbst herstellen
Material: 10 teiliges Ringwurfspiel, (Alternative: Gummiringe; Flaschen oder Holzpflöcke)			

Das Ringwurfspiel (alternativ mit „Wertpunkten" gekennzeichnete Flaschen – mit Wasser oder Sand gefüllt – oder Holzpflöcke) steht drei bis sechs Meter entfernt von der Abwurflinie. Die SpielerInnen erhalten drei Ringe (Einmachgummis) und versuchen diese über die Pflöcke oder Flaschen zu werfen, die mit Farben oder Zahlen unterschiedlich gekennzeichnet sind.

Wer mit seinen Ringen trifft, bekommt je nach Kennzeichnung unterschiedliche Punkte, die anschließend zusammengerechnet werden.

Wer die meisten Punkte erreicht, hat gewonnen.

Rollbretter

SpielerInnen: 1 pro Rollbrett	Alter: ab 4 Jahre	BetreuerInnen: 1	Platzbedarf: 30 – 50 qm
Spielart: Bewegung/ Geschick-lichkeit	Spielform: Gruppenspiel Einzelspiel	Spielort: drinnen draußen	Anschaffung: kaufen leihen selbst herstellen
Material: 3 – 5 Rollbretter (40 x 50 cm, mit 4 Rollen), 9 Bälle, Kreide für die Start/Zielmarkierung außen, Klebeband für die Markierungen innen			

Auf Rollbrettern kann man sitzen, knien, stehen und so versuchen vorwärts zu kommen. Die Kinder können sich aber auch auf dem Bauch liegend mit den Armen und Beinen abstoßen und sich so vorwärts oder rückwärts bewegen. Bauch-, Arm- und Beinmuskeln werden dadurch trainiert, ebenso die Balancierfähigkeit. Rollbretter lassen sich in den „Sternparcours" (Seite 79) einbauen.

Rollbretter eignen sich aber auch für ein Mannschaftsspiel. Je 3 Kinder auf Rollbrettern liegend müssen je 3 Bälle vom Startpunkt zum Zielpunkt bringen. Dabei muss der Ball immer auf dem Rücken transportiert werden. Wenn das erste Kind seine 3 Bälle transportiert hat, überlässt es das Rollbrett dem zweiten Kind, das wiederum alle 3 Bälle vom Ziel zum Start bringen muss. Zuletzt bringt das dritte Kind die Bälle wieder zum Ziel.

Die Mannschaft, die zuerst 3 mal 3 Bälle ins Ziel gebracht hat, ist „Rollbrettmeister".

Rundseil

SpielerInnen: 4 – 20	Alter: ab 6 Jahre		BetreuerInnen: 1	Platzbedarf: ca. 50 qm
Spielart: Bewegung/ Geschick- lichkeit	Spielform: Gruppenspiel	Spielort: drinnen draußen		Anschaffung: kaufen leihen selbst herstellen
Material: Sisaltau (10 m Umfang, 2 cm dick, ca. 6 m Durchmesser), alternativ: Wäscheleine (sicher verknotet!)				

Das Rundtauziehen eignet sich zur rhythmischen Gruppengymnastik aber ebenso für Interaktions- bzw. Kommunikationsübungen. Beispiel: Alle Kinder heben das Rundseil hoch, als sei es eine Glasscheibe.

TIPP: Beim Spielfest können vier Kinder ihre Kräfte messen, indem sie das Rundseil zu einem Quadrat spannen und versuchen einen, zwei oder sogar drei MitspielerInnen über die Linie eines aufgemalten Kreuzes zu ziehen.

Sackhüpfen

SpielerInnen: beliebig	Alter: ab 6 Jahre		BetreuerInnen: 1	Platzbedarf: 4 x 10 m
Spielart: Bewegung/ Geschick- lichkeit	Spielform: Gruppenspiel Einzelspiel	Spielort: drinnen draußen		Anschaffung: kaufen leihen selbst herstellen
Material: 5 Hüpfsäcke oder alte Kartoffelsäcke aus Jute (ca. 60 cm hoch) und 3 Doppelhüpfsäcke, Start/Zielmarkierungen (Stäbe mit Fähnchen, Bänder oder Kreide)				

Für das Sackhüpfen sollten die Kinder in Altersgruppen aufgeteilt werden, um die Chancengleichheit zu wahren. Aufgabe ist es, eine vorgegebene Strecke möglichst schnell in einem Sack hüpfend zurückzulegen.

Sackhüpfen kann in den Sternparcours miteingebaut werden. (siehe Seite 79)

Der Schwierigkeitsgrad kann gesteigert werden, indem Doppelhüpfsäcke ins Spiel gebracht werden.

Sandbilder

SpielerInnen:	Alter:	BetreuerInnen:	Platzbedarf:
beliebig	ab 5 Jahre	1	ca. 10 qm
Spielart:	**Spielform:**	**Spielort:**	**Anschaffung:**
Kreativspiel	Einzelspiel	drinnen draußen	kaufen leihen selbst herstellen
Material: Sand in den unterschiedlichsten Farben (in Gläsern oder Schalen), Papier oder Pappen, Leim, Tubenkleber, Kleister oder Klebepistole, 2 Bänke, 1 Tisch			

Hier stimmt der Spruch: „Kleiner Aufwand, große Wirkung." Mit buntem Sand und Klebstoff lassen sich die schönsten Kunstwerke zaubern:

Den Untergrund (Pappe/Papier) mit Klebstoff oder Kleister einstreichen und je nach Motiv verschieden farbigen Sand auf das Bild streuen und trocknen lassen. Dabei werden die Farben sich an den Rändern vermischen, was einen sehr schönen Effekt ergeben kann. Wer die Konturen etwas genauer abgrenzen möchte, malt zunächst sein Motiv auf und bestreicht nur die Flächen mit Klebstoff, die für eine Farbe vorgesehen sind. Bevor der Klebstoff für eine weitere Farbe aufgetragen wird, sollte der vorherige Klebvorgang abgetrocknet sein.

Statt des Klebstoffes kann auch Klebefolie oder Doppel-Klebeband genutzt werden. Dabei wird das Motiv mit dem Cuttermesser eingeritzt und die Folie nacheinander von den Flächen, die mit Sand bestreut werden sollen, entfernt.

HINWEIS: Der Sand kann fertig gemischt bezogen werden, dazu gibt es auch noch Glitter- und Flitterfarben. Der Sand kann aber auch an Ort und Stelle mit Farbpulver gemischt werden.

Schwungtuchspiele

(siehe unter „Fallschirmspiele" Seite 36)

Seilspringen

SpielerInnen:	Alter:	BetreuerInnen:	Platzbedarf:
1 – 8	ab 8 Jahre	2 (Ablösung)	ca. 30 qm
Spielart:	**Spielform:**	**Spielort:**	**Anschaffung:**
Bewegung/ Geschicklichkeit	Gruppenspiel Einzelspiel	drinnen draußen	kaufen leihen selbst herstellen
Material: 1 Seil aus Naturhanf, 8 m lang (oder feste Wäscheleine)			

Dieses Spiel gefällt den meisten Kindern – ob als Wettbewerb oder einfach nur zum Spaß! Deshalb bietet es sich auch als Angebot auf einem Spielfest an.

Zwei BetreuerInnen müssen das Seil so schlagen, dass ein, zwei oder mehr Kinder gleichzeitig darüber springen können. (Wer den aktuellen Weltrekord brechen möchte, muss über 50 Kinder gleichzeitig in einem Seil hüpfen lassen!)

Silhouetten schneiden

SpielerInnen:	Alter:		BetreuerInnen:	Platzbedarf:
beliebig	ab 6 Jahre		1 – 2	ca. 25 – 30 qm
Spielart:	Spielform:	Spielort:		Anschaffung:
Kreativspiel	Gruppenspiel Einzelspiel	drinnen draußen		selbst herstellen
Material: Tapetenrollen oder Makulaturpapier (s. u. Malstraße S. 56), Bleistifte, Farben, Klebestreifen				

Bei diesem Spiel legen sich die Kinder mit dem Rücken auf ein großes Blatt Papier und die Spielleitung oder ein anderes Kind zeichnet die Umrisse mit Bleistift oder Filzstift auf.

Anschließend bemalen die Kinder ihre Silhouette und schneiden sie selbst aus. Die fertigen Silhouetten sind als Erinnerungsstücke ein schöner Wandbehang für das Kinderzimmer. Vorher können sie in Bäume oder an extra dafür gespannte Leinen gehängt werden, so dass im Laufe des Festes ein „Kinderwald" entsteht.

Softhaus und Softtonne

SpielerInnen:	Alter:		BetreuerInnen:	Platzbedarf:
2 – 3	ab 3 Jahre		1	ca. 25 – 30 qm
Spielart:	Spielform:	Spielort:		Anschaffung:
Bewegung/ Geschick-lichkeit Kreativspiel	Gruppenspiel Einzelspiel	drinnen draußen		kaufen leihen
Material: 1 Softhaus und 1 Softtonne oder andere Softmatten				

Bei diesen Spielgeräten handelt es sich um Angebote, die eher für kleinere Kinder geeignet sind. Es gibt sie in den unterschiedlichsten Variationen. Für das Draußenspiel sollten allerdings in erster Linie mit PVC-bezogene Materialien verwendet werden.

Sommerski/Laufski

Das **Softhaus** besteht aus sechs quadratischen Elementen, die mit Klettbändern zu einem Würfel zusammen gebaut werden können. Fünf Elemente haben in der Mitte geometrische Passstücke wie Dreiecke, Kreise, Halbkreise und Quadrate, die heraus genommen werden können. Die Kinder bauen das Softhaus selbst auf, verschließen es, wenn sie selbst darin sitzen, nehmen die Passstücke heraus, ordnen sie zu und verschließen die Öffnungen wieder, um anschließend das ganze Haus wieder auseinander zu nehmen.

Die **Softtonne** ist etwa 100 cm groß und hat einen Durchmesser von 60 cm. Je nach Größe passen ein bis zwei Kinder in die Softtonne. Dabei bieten die dicken, weichen Wände ausreichend Schutz, wenn die Tonne umgeworfen und durch das Zimmer oder über eine Wiese gerollt wird.

ACHTUNG: Darauf achten, dass die Kinder die Softtonne keinen Berg herunter rollen lassen, wenn sich ein Kind in der Tonne befindet.

SpielerInnen: bis 5 je Ski	Alter: ab 4 Jahre	BetreuerInnen: 1	Platzbedarf: ca. 2 x 20 m
Spielart: Bewegung/ Geschick- lichkeit	Spielform: Gruppenspiel	Spielort: draußen	Anschaffung: kaufen leihen selbst herstellen
Material: 2 – 3 Paar Sommerskier (Material für 1 Paar Skier mit Schlaufen: 2 Bretter, ca. 170 bis 240 cm lang, 10 bis15 cm breit, 2 cm dick, 10 Schlaufen aus Jalousienband, ca. 2 cm breit, ca. 40 Holz- schrauben, Schraubendreher			

Bis maximal 5 Kinder stehen hintereinander in Fußlaschen auf einem Paar „Sommer-Skier" und versuchen gemeinsam möglichst schnell

vorwärts oder rückwärts zu einem Ziel zu kommen. Das Ganze klappt aber nur mit sehr viel Konzentration und Koordination, weil alle immer dieselben Vorwärts- oder Rückwärtsbewegungen machen müssen. Sonst fallen die Kinder übereinander.

Bauanleitung:
Sommerski können Kinder mit Hilfe leicht selbst bauen. Die Bretter werden jeweils an einem Ende abgerundet, so dass sie aussehen wie Skier. Im Abstand von ca. 40 cm werden die Schlaufen aufgeschraubt, so dass die Schuhe dort hinein passen und die Sommerskier mit den Füßen hochgehoben werden können.

Spielecke für „Oldies"

SpielerInnen: bis 20	Alter: ab 13 Jahre	BetreuerInnen: 1 (gelegentlich)	Platzbedarf: ca. 25 qm
Spielart: Bewegung/ Geschick- lichkeit Kreativspiel	Spielform: Gruppenspiel Einzelspiel	Spielort: drinnen draußen	Anschaffung: kaufen leihen selbst herstellen
Material: 2 Tische, 4 Bänke, verschiedene Gesellschaftsspiele, möglicherweise aktuelle Bastelangebote, Computer mit Fotoprogramm, Pavillons			

Bei Spielangeboten, die ganze Familien ansprechen sollen, muss auch damit gerechnet werden, dass 13 bis 15-jährige Teenies ihre Eltern bzw. ihre kleineren Geschwister begleiten. Deshalb sollte auch für diese Altersgruppe ein adäquates Spielangebot auf dem Programm stehen. Das können Gesellschaftsspiele für Ältere sein oder auch aktuelle Bastelangebote für ältere Kinder und Jugendliche. Wer einen Computer mit einer digitalen Videokamera und einem Fotoprogramm auftreiben kann, hat sicherlich das Interesse der Kids gewonnen.

Stelzen

SpielerInnen: beliebig	Alter: ab 6 Jahre	BetreuerInnen: 1	Platzbedarf: 3 x 10 m
Spielart: Bewegung/ Geschick- lichkeit	Spielform: Gruppenspiel Einzelspiel	Spielort: drinnen draußen	Anschaffung: kaufen leihen selbst herstellen
Material: 10 Paar Stelzen (Maße: Fußstützen in 3 Höhen von 35 bis 51 cm verstellbar; Griffhöhe 120 cm), für Start- und Ziellinien Bänder oder Kreide			

Stelzenlauf erfordert schon eine ganze Portion Geschick, wenn eine vorgegebene Strecke ohne abzuspringen bewältigt werden soll.
Mit Stelzen laufen kann einfach als freies Angebot oder im Rahmen eines Wettkampfes stattfinden.

Stempeldrucke

SpielerInnen: beliebig	Alter: ab 3 Jahre	BetreuerInnen: 1	Platzbedarf: ca. 50 qm
Spielart: Kreativspiel	Spielform: Gruppenspiel Einzelspiel	Spielort: drinnen draußen	Anschaffung: kaufen selbst herstellen
Material: Schaumstoffstempel, Pinsel, (ggf. Kartoffeln und Küchenmesser), Tapetenrollen, Makulaturpapier, Plaka- oder Fingerfarbe, Malhemden, 2 – 3 Tische			

Ebenfalls ein Kreativspiel, das große Wirkung erzielen kann.
Als Grundlage werden Tapetenrollen, Makulaturpapier oder die Rückseite von alten Plakaten verwendet. Für den Druckvorgang werden Schaumstoffstempel (Buchstaben- oder Tierformen), Schwammpinsel oder Farb-Effektpinsel benutzt. Es können allerdings auch Kartoffeln durchgeschnitten und die Druckmotive ausgeschnitten werden.

Sternparcours

SpielerInnen:	Alter:	BetreuerInnen:	Platzbedarf:
beliebig	ab 5 Jahre	1	ca. 200 qm
Spielart:	**Spielform:**	**Spielort:**	**Anschaffung:**
Bewegung/ Geschick- lichkeit	Gruppenspiel Einzelspiel	drinnen draußen	kaufen leihen selbst herstellen

Material:
Balancierbalken, Bälle, Seile, Schwebebalken, Bänke, Reifen, Eimer, Bandstelzen, Säcke, Eierlaufspiel, Pedalos, Kriechtunnel, Riesenbälle, Luftballons, Stangen, Verkehrshütchen, Stoppuhr, Flip-Chart, Block, Stifte, Flatterband

Für den „Sternparcours" werden Spiele und Geräte, die sich auch als Einzelangebot eignen, zu einem abwechslungsreichen Gesamtspiel zusammengestellt, das nicht allzu viel Platz und auch nur einen Betreuer braucht.
Besonders geeignet für einen Sternparcours sind folgende Angebote:
Balancierbalken, Ballrollen, Bandstelzen, Eierlaufen, Hüpfbälle, Kriechtunnel, Pedalos, Rollbretter, Sackhüpfen, Stelzen. (Die Spiele sind unter den jeweiligen Überschriften beschrieben.)

Die Spielstrecken werden sternförmig, auf einen Mittelpunkt orientiert, aufgebaut. Jede Strecke sollte mit An- und Auslauf etwa drei bis vier Meter lang sein. Die Kinder starten einzeln und müssen jedes Spiel bis zum Mittelpunkt, der mit einem Verkehrshütchen oder einer Stange mit Fähnchen gekennzeichnet ist, und wieder zurück bewältigen, bevor sie mit dem nächsten Abschnitt beginnen. Bewertet werden kann das schnellste Kind oder das Kind mit den wenigsten Fehlern.

Ein Sternparcours, ausgerichtet für jüngere Kinder, könnte so aussehen:
Balancierbalken, Eierlaufen, Kriechtunnel, Ballrollen, Sackhüpfen, Bandstelzen

Markieren Sie zunächst mit dem Hütchen oder der Fahnenstange die Mitte des Spielfeldes. Stellen Sie anschließend den Balancierbalken auf. Lassen Sie etwa 2 m zwischen dem Mittelpunkt und der Startlinie Platz. Die Eierlaufstrecke müssen Sie mindestens am Startpunkt markieren (besser Sie markieren mit Flatterband eine Gasse bis zum Mittelpunkt). Der nächste „Sternenstrahl" ist dann der Kriechtunnel. Hier müssen Sie keinen Startpunkt markieren. Der ist erst wieder notwendig für die „Ballrollstrecke". Stellen Sie dafür zusätzlich 5 Verkehrshütchen auf die Strecke, die von den Kindern slalomartig umrollt werden müssen.

Für das Sackhüpfen markieren Sie wieder einen Startpunkt und eine Strecke mit Flatterbändern bis hin zum Mittelpunkt, ebenso für die Strecke mit den Bandstelzen.

Lassen Sie nun das erste Kinde starten. Notieren Sie den Namen auf einem Plakat. Erklären Sie den Kindern vorher genau die Strecke. Begleiten Sie die Kinder nötigenfalls auf der gesamten Strecke.

Überlassen Sie den Kindern, ob ihre Zeit gestoppt werden soll. Wichtig ist, dass die Kinder jede Strecke zum Mittelpunkt hin- und wieder zurück bewältigen und erst dann zum nächsten „Sternenstrahl" laufen dürfen.

Stoffmalen

SpielerInnen: beliebig	Alter: ab 3 Jahre	BetreuerInnen: 1	Platzbedarf: ca. 50 qm
Spielart: Kreativspiel	Spielform: Gruppenspiel Einzelspiel	Spielort: drinnen draußen	Anschaffung: kaufen (Material) selbst herstellen
Material: 20 Meter fester Nessel oder Fahnennessel, 50 Pinsel, Plakafarben oder Fingerfarben in 30 Farbbechern mit Deckel, 3 – 4 mit Wasser gefüllte Eimer zum Verdünnen der Farben bzw. zum Reinigen der Pinsel, Papiertücher oder Handtücher zum Reinigen der Hände, Holzrahmen für den Fahnennessel, Heftzwecken, 1 Meter lange Rundhölzer und Bänder zum Aufhängen der Fahnen, ggf. Holzklapptische			

Alle Spiele, die größere Spielflächen abdecken, sind besonders geeignet bei großräumigen Spielfesten eingesetzt zu werden. Das Stoffmalen gehört dazu. Besonders dann, wenn Stoffbahnen bemalt werden können, die nicht nur breit, sondern auch noch lang sind.

Es gibt zwei Stoffarten, die je nach Konzept eingesetzt werden können: einen feinmaschig gewebten festeren Nesselstoff oder den breitmaschigen, leichten Fahnennessel.

Mit dem festen Nesselstoff können anschließend Wände dekoriert werden. Die bemalten Fahnennesselbahnen können tatsächlich an Fahnenmasten aufgehängt werden, so dass sie weithin sichtbar sind. Die Nesselstoffe werden auf der Straße, dem Bürgersteig oder auf der (trockenen) Wiese ausgebreitet, wo sie von vielen Kindern gleichzeitig bemalt werden können. Sie können zum Bemalen auch an Mauern, Kulissenwänden, Werbetafeln o. Ä. befestigt werden.

Der Fahnennessel wird sinnvollerweise auf einen 1 x 2 Meter breiten, senkrecht stehenden Holzrahmen gespannt, damit er von beiden Seiten bemalt werden kann, da er auch von beiden Seiten sichtbar ist.

Straßen- oder Bürgersteig-spiele

SpielerInnen: beliebig	Alter: ab 3 Jahre	BetreuerInnen: 1	Platzbedarf: ca. 100 qm
Spielart: Bewegung/ Geschick-lichkeit	Spielform: Gruppenspiel Einzelspiel	Spielort: drinnen draußen	Anschaffung: keine
Material: evtl. Kreide für Begrenzungslinien			

So genannt, weil sie von Kindern früher, als es noch nicht so viele Autos gab, die sämtliche Straßen zuparkten, von Straßenseite zu Straßenseite gespielt wurden. Dazu trafen sich alle Kinder der Straße.

Die Kinder können diese Spiele aber auch auf der Wiese, auf dem Bürgersteig oder auf dem Hof spielen. Dazu müssen nur Begrenzungslinien festgelegt werden, die etwa 10 bis 15 m auseinander liegen.

„Straßenspiele" sind Angebote für zwischendurch, die von der Spielleitung, falls vorhanden, von der Bühne aus zu steuern sind. Begrenzung sind die Straßenseiten oder zwei gezogene Linien. Die Spiele heißen „Fischer, Fischer, wie tief ist das Wasser?", „Meister, können wir Arbeit kriegen?", oder „Hallo, wo seid ihr denn?".

Die Regeln sind ähnlich: Die große Gruppe der Kinder steht auf der einen Seite der Straße; ihnen gegenüber ein einzelnes Kind oder die Spielleitung. Bei **„Fischer, Fischer ..."** z.B. ruft die Gruppe: „Fischer, Fischer, wie tief ist das Wasser?". Der „Fischer" antwortet: „1000 Meter!" Die Gruppe ruft: „Wie kommen wir da rüber?" Der „Fischer" antwortet: „Hüpfend auf einem Bein!" Die Gruppe der Kinder muss hüpfend die andere Straßenseite erreichen.

Der „Fischer", ebenfalls hüpfend, muss so viele Kinder wie möglich fangen. Diese Kinder werden in der nächsten Runde ebenfalls zu „Fischern" und müssen beim Fangen helfen. Wer von der großen Gruppe übrig bleibt, ist der Sieger und darf das nächste Spiel bestimmen.

Bei **„Meister können wir Arbeit kriegen?"** antworten die „Handwerker" auf die vom Meister gestellt Frage: „Was habt ihr denn gelernt?" mit „Allerhand für Buchsenknöpp." Der Meister wiederum antwortet: „Dann zeigt mal eure Kunst!" Und jeder muss eine Handwerkerbewegung vormachen und dabei versuchen die andere Straßenseite zu erreichen. Der „Meister" wiederum muss so viele „Handwerksburschen" wie möglich einfangen, die dann auch „Meister" werden. Der letzte „Handwerksbursche" ist Sieger des Spiels und kann das nächste Spiel bestimmen.

„Hallo, wo seid ihr denn", ist eigentlich ein Lied und der Text lautet wie folgt:

„Hallo, wo seid ihr denn, seid ihr denn, seid ihr denn? Hallo wo seid ihr denn alle versteckt.

Wenn ihr uns Mäuse meint, Mäuse meint, Mäuse meint; im Mausloch wird man so leicht nicht entdeckt."

Gespielt wird wie bei den vorhergehenden Spielen. Auf der einen Seite stehen die Mäuse, auf der anderen Seite die Katze.

Die Spielleitung ruft: „Die Katze kommt!" Die Katze läuft los, um so viele Mäuse wie möglich zu fangen. Die Mäuse müssen schleunigst die andere Straßenseite erreichen, um vor der Katze sicher zu sein. Wer als Maus von der Katze gefangen wird, muss als Katze die Seite wechseln und bei der nächsten Strophe mithelfen, die Mäuse zu fangen. Die letzte „Maus" ist Sieger und bestimmt das nächste Spiel.

Streetball/Beachball

Faustball, Fußballtennis und Ball über die Schnur

SpielerInnen: 5 – 10	Alter: ab 8 Jahre		BetreuerInnen: 1	Platzbedarf: ca. 200 qm
Spielart: Bewegung/ Geschick- lichkeit	Spielform: Gruppenspiel		Spielort: drinnen draußen	Anschaffung: kaufen leihen selbst herstellen
Material: Polyschnur-Netz, 1,6 mm Durchmesser, 10 cm Maschenweite (6 x 1 m), Synthetikbandeinfassung und Polyäthylen-Spannseil, Länge: 2,30 Meter. Alternative: Wäscheleine, Aufstellstangen und 4 Spannbänder mit Heringen, Bälle, Ringe				

Für diese Spielangebote muss eine abgegrenzte Spielfläche in zwei gleich große Felder geteilt werden. Über der Mittellinie ein Netz oder eine Schnur spannen. Auf dieser Fläche können während der gesamten Spielfestzeit eine ganze Reihe von Mannschaftsspielen angeboten werden.

Zu diesen Spielen gehören Federball, Fußballtennis, Faustball, Ball über die Schnur usw.

Faustball

Jede Mannschaft hat 5 Spieler. Das Spielfeld hat die Ausmaße 20 x 50 Meter und es sollte darüber hinaus drum herum noch ausreichend Platz sein. Das Netz ist 2 Meter hoch. Gespielt wird 2 x 15 Minuten. Von der Angabelinie, die 3 Meter vom Netz entfernt ist, wird der Ball mit der Faust oder dem Unterarm direkt ins andere Feld geschlagen. Spätestens beim 3. Schlag muss der Ball wieder ins gegnerische Feld zurückgeschlagen werden. Der Ball darf vor jedem Schlag nur einmal den Boden berühren und jeder Spieler nur einmal Ballkontakt haben. Ball und Spieler dürfen das Netz oder die Leine nicht berühren. Der Aufschläger muss mit einem Bein Bodenkontakt haben und darf die Aufschlaglinie und den dahinter liegenden Sperrraum (vor dem Netz) nicht betreten. Den Aufschlag erhält immer die Mannschaft, die den Fehler verursacht hat. Für das Faustballspiel gibt es besondere (nicht zu harte) Bälle, damit es nicht zu viele blaue Flecke gibt.

Ball über die Schnur

Das Spielfeld ist ca. 10 x 20 m groß und durch ein etwa 2 m hoch gespanntes Seil/Netz geteilt. Nach beiden Seiten ist eine Abwurflinie gezogen. Sie ist 1 m von der Mittellinie entfernt. Es kann entweder 2 x 10 Minuten oder aber auch bis zu 15 Punkten gespielt werden. Die beiden Parteien mit je 6 bis 12 Kindern verteilen sich in ihrem Feld. Nun wird der Ball von einem Kind so über das Netz geworfen, dass er möglichst nicht angenommen werden kann. Wird er gefangen, muss er wieder ins andere Feld geworfen werden. Dabei dürfen die SpielerInnen bis zur Abwurflinie vorlaufen. Wenn der Ball die Schnur berührt oder außerhalb des Spielfeldes auftrifft, ist das ein Fehler. Spätestens bei drei Ballannahmen einer Mannschaft muss der Ball gespielt werden. Anstatt mit Bällen kann auch mit Gummiringen gespielt werden.

T

Tanzkokon

SpielerInnen: 5 – 10 gleich- zeitig	Alter: ab 5 Jahre	BetreuerInnen: 1	Platzbedarf: ca. 25 qm
Spielart: Bewegung/ Geschick- lichkeit Kreativspiel	Spielform: Gruppenspiel Einzelspiel	Spielort: drinnen draußen	Anschaffung: kaufen leihen
Material: 5 Tanzkokone (100 x 70 cm) und 5 Tanzkokone (120 x 70 cm) in unterschiedlichen Farben, ggf. Spiegel oder Folien			

Die Kinder können ganz in den Tanzkokon hineinkrabbeln und ihn per Klettverschluss von innen verschließen. Sie selbst sind aufgrund des besonderen, extrem belastbaren Polyestergewebes von außen nicht zu erkennen, können aber, da das Material trotzdem durchscheinbar ist, von innen nach außen sehen.

Sobald die Kinder in diesem Kokon verschwunden sind, werden aus ihnen skurrile Fantasiegestalten, Skulpturen, Fledermäuse, Schmetterlinge oder Gespenster und sie beginnen, ihre Umgebung zu erschrecken und zu foppen.

Die Kinder sollten sich selbst auch sehen können. Deshalb müssen entsprechend große Spiegel oder Folien aufgebaut werden.

Tanzraupe

SpielerInnen: 6 – 10 12 – 20	Alter: ab 6 Jahre	BetreuerInnen: 1	Platzbedarf: ca. 50 qm
Spielart: Bewegung/ Geschick- lichkeit	Spielform: Gruppenspiel	Spielort: drinnen draußen	Anschaffung: kaufen leihen
Material: 1 Tanzraupe (150 cm hoch, 250 cm Umfang), 1 Tanzraupe (150 cm hoch, 500 cm Umfang)			

Mit der Tanzraupe können ähnliche Spiele durchgeführt werden, wie mit dem Fallschirm (siehe unter Fallschirm/Fallschirmzelt, S. 34). Allerdings ist das extrem belastbare Polyestergewebe so stark dehnbar, dass zusätzliche Gummieffekte entstehen. Wie weit kann sich ein einzelnes Kind in dem Stoff zurücklehnen, bis die anderen Raupenglieder es nicht mehr halten können? Können sich alle Raupenglieder so klein machen, dass sie die Tanzraupe zu einem Schlauch fest verschließen können? Je nach Größe der Tanzraupe können sich die Kinder auch in der Raupe in den Stoff einwickeln und so einen engen Knoten bilden.

Mit Hilfe der Tanzraupe können die Kinder ihren Kreis gemeinsam ziehen, dehnen, strecken, recken; sie können sich zurücklehnen und sich darin verstecken...

Tauziehen

SpielerInnen: 12 – 16	Alter: ab 6 Jahre	BetreuerInnen: 1	Platzbedarf: ca. 40 qm
Spielart: Bewegung/ Geschick- lichkeit	Spielform: Gruppenspiel	Spielort: drinnen draußen	Anschaffung: kaufen leihen
Material: Hartfaserhanftau (Maße: 10 m lang, 2 cm Durchmesser), Enden mit Leder bezogen, Mitte rot gekennzeichnet			

Benötigt wird ein langes Seil, dessen Mitte rot markiert ist. Auf dem Boden gibt es eine weitere Markierung (Kreidestrich/Holzpflock). Anschließend wird die Markierung des Seils, auf die des Bodens gelegt. Und nun kann es losgehen. Jeweils sechs bis acht Personen stellen sich hintereinander auf und bilden zwei gegnerische Gruppen. Auf „Los" müssen beide Gruppen versuchen die „gegnerische" Gruppe über die Markierung hinaus ins eigene Feld zu ziehen.

HINWEIS: Pro Spieldurchgang sollten möglichst Kinder gleichen Alters bzw. gleicher Größe gegeneinander antreten.

Torwand(netz)

SpielerInnen: beliebig	Alter: ab 6 Jahre	BetreuerInnen: 1	Platzbedarf: ca. 20 qm
Spielart: Bewegung/ Geschick- lichkeit	Spielform: Gruppenspiel Einzelspiel	Spielort: drinnen draußen	Anschaffung: kaufen leihen
Material: 1 Torwandnetz, 1 Fußball, Kreide, Maßband, 1 Flip-Chart, Papier, Filzstifte			

Das Torwandschießen ist ein sportliches Unterhaltungs-Wettspiel. Wie im „Aktuellen Sportstudio" müssen die Kinder aus elf (sieben) Meter Entfernung (mit Kreide markieren) einen Ball in eines der Torlöcher schießen. Sie haben dafür insgesamt 6 Versuche und müssen dreimal in das obere Loch treffen und dreimal in das untere Loch. Das Netz kann in Fußballtoren, an Schaukelgerüsten, zwischen Bäumen, Teppichstangen usw. festgemacht werden.

Wenn das „Torwandschießen" nicht als freies Angebot eingesetzt werden soll, können per Aushang oder nach Ansage bestimmte Zeiten während des Spielfestes festgelegt werden, wann die FußballerInnen unter den Kindern den „Elfmeterkönig" unter sich ausmachen dürfen.

Dazu nimmt die Spielleitung die Meldungen der Kinder entgegen, schreibt die Namen auf ein Plakat und lässt die Kinder der Reihe nach dreimal unten und dreimal oben auf das „Torwandnetz" schießen. Wer die meisten „Treffer" erzielt hat, ist Torschützenkönig und könnte eine kleine Anerkennung vertragen.

TIPP: Das Netz so aufhängen, dass der Ball durch eine Mauer, einen Holzzaun oder ein weiteres Netz dahinter aufgehalten wird. Ansonsten müssen HelferInnen bestimmt werden, die nach jedem Schuss den Ball wiederholen und zum Elfmeterpunkt zurückschießen.

Twistball

(siehe Pendelball, S. 63)

Trampolin

SpielerInnen: je 1	Alter: ab 3 Jahre	BetreuerInnen: 1	Platzbedarf: ca. 20 qm
Spielart: Bewegung/ Geschick- lichkeit	Spielform: Einzelspiel	Spielort: drinnen draußen	Anschaffung: kaufen leihen
Material: 1 Trampolin mit Zelt			

Unter dem Motto „nur fliegen ist schöner" können die Trampoline schon für Kinder ab 3 Jahren eingesetzt werden. Das Trampolin „air-borne" ist für den Einsatz bei Spielfesten deshalb so gut geeignet, weil es wetterfest ist und ohne Werkzeug schnell und sicher aufgebaut werden kann. Zudem ist es möglich ein Zeltdach anzubringen, das aus dem einfachen Trampolin ein geräumiges Zelt mit Sprungboden macht. Die Zelthaut aus unbrennbarem hochbelastbaren Zeltnylon ist mit 5 großen Fenstern ausgestattet und außerdem wasserdicht. Das Trampolin „airborne" hat einen Durchmesser von 4,25 Metern und der Rahmen ist 90 cm hoch.

HINWEIS: Zum Springen dürfen die Kinder nur einzeln auf das Trampolin. Wird das Zeltdach benutzt, können bis zu 20 Kinder gleichzeitig darauf „schaukeln".

V

Völkerball und Co.

SpielerInnen: 10 – 20	Alter: ab 8 Jahre	BetreuerInnen: 1	Platzbedarf: ca. 200 qm
Spielart: Bewegung/ Geschick- lichkeit	Spielform: Gruppenspiel	Spielort: drinnen draußen	Anschaffung: kaufen leihen
Material: Kreide oder Bänder für die Begrenzung des Spielfeldes, 6 Verkehrshütchen, Ball			

Spielfeld: 8 x 12 Meter (in der Mitte geteilt)
Beim Völkerball wird jedes Feld von einer Mannschaft besetzt. Einer der Spieler steht jeweils hinter dem Feld der gegnerischen Mannschaft. Jede Mannschaft versucht die Spieler der anderen abzutreffen. Wer getroffen ist, muss hinter das Spielfeld und kann dort dem Außenspieler helfen, „Jagd" auf die gegnerischen Spieler zu machen. Getroffen ist, wer vom Ball berührt wird. Hat der Ball zuvor den Boden berührt und springt dann gegen einen Spieler, so gilt das nicht als getroffen. Auch wer den Ball auffängt gilt nicht als getroffen. Gegen Schluss des Spiels darf der Außenspieler als Joker ins Feld und scheidet erst dann aus, wenn er dreimal getroffen wird. Die Mannschaft, die alle gegnerischen Spieler abgetroffen hat, ist Sieger.

Wasserkanalspiel, Wasserbahnen

SpielerInnen: 10 – 30	Alter: 2 – 10 Jahre	BetreuerInnen: 1	Platzbedarf: ca. 100 qm
Spielart: Bewegung/ Geschick- lichkeit Kreativspiel	Spielform: Gruppenspiel Einzelspiel	Spielort: draußen	Anschaffung: kaufen leihen

Material:
Wasserkanalsystem mit Zubehör (Boote, Pumpen usw.), Ersatz- dichtungen, ca. 10 Eimer, 50 Meter Wasserschlauch (Rollwagen) mit verschiedenen Anschlüssen, Wasser, Schwammtücher, Hand- tücher, Transportkisten

Ein Spiel mit Wasser, das besonders bei heißem Wetter Spaß macht und richtig spannend ist, wenn eine riesige Fläche bebaut wird.

Das Wasserkanalspiel wird aus vielen Einzelteilen zusammengesetzt.

Dazu gehören: Gerade Kanalstücke, Kurven, Abzweigungen, Hafenbecken, Schleusen, Brücken und Verbindungsstücke.

Das Wasserkanalspiel kann, ausgehend von einer Grundausstattung, mit den Jahren nach und nach erweitert werden. Einen vorgegebenen Aufbauplan des Kanals gibt es nicht, da sich beim Zusammenbauen immer wieder neue Kanalformen bilden lassen.

In erster Linie hängt der Aufbau des Wasserkanals von den örtlichen Gegebenheiten ab. Das Kanalsystem muss aber immer auf einem ebenen, waagerechten und wasserfesten Untergrund aufgebaut werden.

Außerdem muss berücksichtigt werden, dass beim Spielen viel Wasser überschwappen wird. D. h. es sollten in der näheren Umgebung des Wasserkanalsystems nur Spielgeräte stehen, die auch mal nass werden dürfen.

Kinder ab 10 Jahren können nach kurzer Einweisung eigene Kanäle aufbauen. Bei Großveranstaltungen sollten den Aufbau allerdings erfahrene MitarbeiterInnen übernehmen.

Das Spiel ist auch für kleinere Kinder interessant, da sie hier nach Herzenslust mit kleinen Schiffen, Holzstücken, Wasserrädern, Schleusen und Pumpen spielen können. Die BetreuerInnen müssen dann nur dafür sorgen, dass die Interessen von Großen und Kleinen Berücksichtigung finden.

TIPP:

- Das Wasserkanalspiel immer so aufbauen, dass viele Kinder daran spielen können, d.h. möglichst großflächig, wobei Hafenbecken, Schleusen und Abzweige immer nach außen gerichtet sein sollten.
- Wenn keine ausreichend große ebene Grundfläche für den Aufbau des gesamten Wasserkanalspiels zur Verfügung steht, kann das System auch in 2, 3 oder 4 in sich geschlossenen Kreisen aufgebaut werden.
- Bei kleineren, örtlich begrenzten Spielaktionen, wo die Kinder in der Nachbarschaft wohnen, kann das Wasserholen von Zuhause mit in das Spiel eingebaut werden. Wobei nicht so sehr der Gedanke der Kostenersparnis, sondern der verantwortliche Umgang mit dem Naturelement Wasser eine Rolle spielt.

TIPPS zur Pflege:

Die einzelnen Kanalstücke werden mit Hilfe von Verbindungsstücken, in die Dichtungsgummis eingeklebt sind, miteinander verbunden. Diese Dichtungsgummis lösen sich relativ schnell, da sie ständig mit Wasser in Berührung kommen, was kaum ein elastischer Kleber aushält. Dadurch leckt das Kanalsystem und das Wasser fließt schnell heraus. Deshalb: Dichtgummis regelmäßig austauschen oder immer wieder Wasser nachfüllen.

Nach Abschluss der Spielaktion muss das Wasserkanalspiel komplett in seine Einzelteile zerlegt und an einem trockenen Ort zum Abtrocknen gelegt werden. Niemals das Kanalsystem für längere Zeit feucht einpacken, da es sehr schnell zur Schimmelbildung kommen kann. Nötigenfalls müssen die Einzelteile mit Trockentüchern abgetrocknet werden.

Wasserspiele

SpielerInnen: beliebig	Alter: ab 2 Jahre	BetreuerInnen: 1	Platzbedarf: ca. 100 – 150 qm
Spielart: Bewegung/ Geschicklichkeit	Spielform: Gruppenspiel Einzelspiel	Spielort: draußen	Anschaffung: kaufen leihen

Material:
1 oder mehrere Planschbecken (2 – 3 m Durchmesser), 1 oder bei ausreichendem Platz 2 Wasserrutschen (1 m breit und 10 m lang), 1 Schlauch mit vielen kleinen Löchern als Schlauchdusche, 1 Gartendusche und verschiedene Wasserspritzen oder Sprinkler, 1 50 Meter-Schlauch (Rollwagen) zum Befüllen der Becken, unterschiedlich große Schlauchanschlussstücke, Trockentücher

Planschbecken, Wasserrutsche, Schlauchdusche, Wasserspritzen, Sprinkler usw. sind bei sommerlichen Temperaturen die größte Attraktion auf jedem Spielfest. Das Angebot sollte allerdings vorher bekannt gemacht werden, damit die Kinder Badezeug oder Ersatzkleidung mitbringen.

Für das Planschbecken wird ein ebener, glatter Untergrund benötigt (nach spitzen Steinen und Glasscherben absuchen); für die Wasserrutsche ein leicht abschüssiger Hang. Damit die Kinder hinunter rutschen können, muss die Folie ständig gewässert werden. Auch die Planschbecken müssen immer wieder nachgefüllt werden. Eine Wasseraktion wird erst richtig aufregend, wenn sich die Kinder mit oder ohne Wasserspritzen gegenseitig nass spritzen können.

Wasserstation

SpielerInnen: beliebig	Alter: ab 3 Jahre	BetreuerInnen: 1	Platzbedarf: ca. 100 qm 1
Spielart: Bewegung/ Geschick- lichkeit Kreativspiel	Spielform: Gruppenspiel Einzelspiel	Spielort: draußen	Anschaffung: kaufen (Material) selbst herstellen
Material: ca. 20 rechteckige Dachrinnen, Längen 1 Meter, 2 Meter, 3 Meter jeweils an einer Seite verschlossen, 20 Stücke Bauhölzer zum Unterbauen, 1 Betonmischfass, ggf. Elektropumpe mit Schlauch, Verlängerungskabel, Wassereimer			

Ein Wasserkanalspiel (s. S. 86) für die stattliche Größe von 100 qm ist nicht ganz billig; deshalb hier noch ein Vorschlag, wie den Kindern mit etwas Geschick eine kostengünstigere Lösung aufgebaut werden kann:

Dafür werden 10 bis 20 unterschiedlich lange Dachrinnen benötigt: Die halbrunden sind etwas größer, die rechteckigen, etwas kleineren, lassen sich leichter aufstellen. Und wenn dazu noch eine „mobile" Gartenpumpe eingesetzt werden kann, halten sich auch die Wasserkosten in Grenzen. Kann doch das Wasser, so es in einem großen Betonmischfass aufgefangen wird, wieder zum Ausgangspunkt zurückgepumpt werden, so dass auch hier ein Wasserkreislauf entstehen kann.

Für den Aufbau mit dem notwendigen Gefälle werden viele Zusatzmaterialien benötigt, die die Kinder zunächst in der Umgebung des Spielfestes sammeln müssen: Steine, Holzlatten, Baumreste usw. Auch für das, was auf dem Wasser schwimmt, kann man in der Natur jede Menge Materialien finden: Äste, Eisstiele, Strohhalme usw.

Diese Wasserstation lässt sich auch mit Holzrinnen aufbauen, die im Spielzeughandel gekauft werden können. Dafür gibt es Holzrinnen in den Längen 50 und 100 cm, Abzwei-

gungen und Verteilerrinnen und verschiedene Riegel, mit denen Wasser gestaut werden oder umgeleitet werden kann. Der Aufbau ist ähnlich dem vorher beschriebenen.

Weben am Groß-Webrahmen

SpielerInnen: beliebig	Alter: ab 3 Jahre	BetreuerInnen: 1	Platzbedarf: ca. 4 qm 1
Spielart: Kreativspiel	Spielform: Einzelspiel	Spielort: drinnen draußen	Anschaffung: kaufen selbst herstellen
Material: Großer Webrahmen (ca. 140 x 80 Spielwand aus den Kindergarten-Trennwandsystemen bekannter Spielgerätehersteller) oder aus 4 Holzbalken (5 x 5 cm) 2 x 1 Meter und 2 x 2 Meter lang zusammengeschraubt. In die kurzen Rahmenbalken werden in einer Reihe alle 3 cm Nägel eingeschlagen, auf die der Kettfaden aufgezogen wird. 1 Korb mit z.T. zurechtgeschnittenen Stoffresten, Wollresten und weiteren beliebigen Materialien, 5 Scheren			

Während mit kleinen Webrähmchen eher Kinder im Kindergarten oder der Schule beschäftigt werden, ist das Spielangebot „Großer Webrahmen" bei einem Spielfest durchaus eine Alternative für einen ruhigen Spielabschnitt. Je nachdem wie sich die Kinder begeistern lassen, könnte pro Spielfest ein großer Flickenteppich entstehen. Durch die einfache Webtechnik mit unterschiedlichsten Stoff- und Wollresten, Ästen und Holzspänen, Lederstreifen und Plastikstücken entstehen so in kürzester Zeit kleine Kunstwerke, die zum Schluss des Spielfestes sogar versteigert werden könnten.

Woll-Labyrinth

SpielerInnen:	Alter:	BetreuerInnen:	Platzbedarf:
beliebig	ab 3 Jahre	1	ca. 200 qm 1
Spielart:	**Spielform:**	**Spielort:**	**Anschaffung:**
Bewegung/ Geschick- lichkeit Kreativspiel	Einzelspiel Gruppenspiel	drinnen draußen	sammeln selbst herstellen
Material:			
sehr viele Wollreste zu Knäuelen gerollt, Paketband, Scheren, evtl. Ständer und Stative			

Mit diesem Spielangebot lassen sich Rekorde aufstellen. Nicht nur, weil es sehr wenig Geld kostet, sondern weil immer größere Plätze mit der Wolle „versponnen" werden können.

Der Ort ist nach folgenden Kriterien auszusuchen: Für die Spielzeit muss der Platz für jeden Verkehr gesperrt sein (auch Fußgängerverkehr!), und es müssen ausreichend Bäume, Lampen oder Straßenschilder auf dem Platz stehen. Anderenfalls Stative, Ständer oder Schilder selber aufstellen.

Die Spielleitung beginnt mit einem Wollknäuel einen Faden zu spannen, indem sie ihn z. B. an einer Laterne festknotet. Kommen Kinder neugierig angelaufen, gibt die Spielleitung das Knäuel bereitwillig ab und nimmt sich neue

Wollknäuele, die untereinander verknotet werden. Nun werden die Fäden in immer anderen Variationen um die Bäume, Laternen oder Schilder gespannt, so dass ein dichtes Wollnetz entsteht. Je größer die Fläche, desto größer und bunter das „Spinnennetz" oder „Woll-Labyrinth". Wenn das Netz dichter wird, wird es zunehmend schwieriger, darüber zusteigen oder unten durch zu krabbeln, ohne im Netz hängen zu bleiben. Nach dem Spielfest lässt sich das Netz schnell mit Scheren zerschneiden und restlos entfernen.

TIPP: Mit zunehmender Dichte wird das Netz immer schwerer und liegt in der Mitte auf dem Boden. Dann wird eine feste Schnur, z. B. Paketband, kreuzförmig unter dem Netz hindurchgezogen und nach oben festgespannt, damit das gesamte Netz wieder einen halben Meter über dem Boden schwebt.

Variante: Teile des Woll-Labyrinthes werden verwoben. Dort können auch andere Materialien mit eingearbeitet werden: Äste, Blumen usw. Es können auch ganze Bäume oder Sträucher mit der Wolle verwoben werden, so dass regelrechte Kunstobjekte entstehen.

Wurfbuden oder Wurfstände
(Wurfwand/Wurfbaum)

SpielerInnen: beliebig	Alter: ab 4 Jahre	BetreuerInnen: 1	Platzbedarf: ca. 10 qm
Spielart: Bewegung/ Geschicklichkeit	Spielform: Gruppenspiel Einzelspiel	Spielort: drinnen draußen	Anschaffung: kaufen leihen selbst herstellen
Material: Wurfwand oder Wurfbaum mit Löchern, 6 Softbälle			

Auf ebener Fläche wird ein 150 cm hoher Wurfbaum aufgestellt, der insgesamt sechs unterschiedlich große Löcher in seinem Geäst hat. Die Kinder bekommen sechs Bälle und müssen versuchen die Bälle nacheinander durch die Löcher zu werfen. Das Kind mit der höchsten Punktzahl hat gewonnen.

Oder es wird eine Wurfbude auf einem Tisch aufgestellt, die dem großen Bruder von der Kirmes abgeguckt ist. Da sind 4 Clownsgesichter, die nach hinten wegklappen, wenn die Kinder einen Treffer gelandet haben. Auch hier haben die Kinder 6 Bälle zur Verfügung und müssen von einer Startlinie, die je nach Alter der Kinder variieren sollte, auf die Clownsgesichter werfen. Jeder Treffer wird gezählt.

Wer mit den 6 Bällen die meisten Treffer geschafft hat, ist „WurfkönigIn".

Z

Zerrspiegel

SpielerInnen: beliebig	Alter: beliebig	BetreuerInnen: 1 (gelegentlich)	Platzbedarf: ca. 5 qm
Spielart: Kreativspiel	Spielform: Einzelspiel	Spielort: drinnen draußen	Anschaffung: kaufen leihen
Material: je 2 konkave und konvexe Zerrspiegel aus beschichtetem Plexiglas zum Aufhängen; 2 Stellwände			

Es war schon immer ein Vergnügen, sich im Spiegel gegenüber zu stehen und plötzlich klein wie ein Zwerg oder lang wie ein Riese zu sein. Diese von der Kirmes oder dem Rummel bekannten Zerrspiegel sind seit einiger Zeit im Spielgerätehandel zu beziehen und eignen sich natürlich hervorragend für den Einsatz auf dem Spielfest.

Für alle Effekte werden je 2 konkave und 2 konvexe Spiegel jeweils längs und quer aufgehängt, so dass sich die Kinder viel dünner sehen können, viel dicker, viel kleiner oder viel größer.

Beispielhafte Spielfeste

Die im vorigen Kapitel vorgestellten Spiele dienen als Bausteine für kindgerechte Spielfeste. Wie diese Aktivitäten in kleine und große Spielfeste integriert werden können, erfahren Sie auf den folgenden Seiten.

Spielfeste auf der Straße, im Hof oder im Garten

Das Spielfest als Nachbarschaftsfest
im späten Frühling, organisiert von mehreren NachbarInnen bzw. AnwohnerInnen oder initiiert von einer Wohnungsbaugesellschaft.

So ein Spielfest kann zur Verbesserung des Nachbarschaftsverhältnisses oder zum Kennenlernen neuer AnwohnerInnen untereinander dienen. Es kann aber auch stattfinden, um gemeinsam etwas zu erreichen: Bei einem Straßenfest, an dem ich beteiligt war, haben die Nachbarn durch Kaffee- und Kuchenverkauf so viel Überschuss erwirtschaftet, dass im Anschluss in die Privatstraße eine Schwelle zum Schutz der Kinder vor rasenden Autofahrern eingebaut werden konnte.

Die Vorbereitungsschritte

Im Folgenden sind die Vorbereitungsschritte für ein Spielfest dieser Größenordnung in zeitlichen Abschnitten beispielhaft aufgeführt und können so leicht den eigenen Bedürfnissen angepasst werden.

Januar

- **Termin mit den NachbarInnen absprechen und festlegen:**
  ACHTUNG: Feiertage und die so genannten Brückentage im Mai/Juni berücksichtigen!
- **Ort festlegen:** Geeignete Flächen sind Hof, Garten oder die Straße als Mittelpunkt.
  ACHTUNG: Bei Straßensperrung Genehmigung beim Straßenverkehrsamt, Ordnungsamt, Polizei und Feuerwehr einholen
- **Zeiten festlegen**
  ACHTUNG: Sollte das Nachbarschaftsfest über das Spielfest hinaus bis in die Abendstunden gehen, sind die ordnungsrechtlichen Bestimmungen bzgl. der Ruhezeiten zu beachten. Insbesondere sollte ab 22.00 Uhr keine laute Musik mehr gespielt werden. (Viele dieser gut gemeinten Nachbarschaftsfeste haben ein Ende im Streit gefunden, weil die Polizei die Musikanlage beschlagnahmen musste usw.)

Februar

Per Checkliste (s. „Anhang") bei den Nachbarn verbindlich abfragen, wer was an Vorbereitungen bzw. an Organisation übernehmen kann und übernehmen möchte.

Wer kümmert sich um:

❏ Programmgestaltung
❏ Ausleihe von Spielen
❏ Ausarbeitung der „Nachbarschaftsrallye"
❏ Erstellung des Spiel- und Betreuungsplans
❏ Ausleihe von Tischen und Bänken, Sonnenschirmen, Pavillons
❏ Übernahme von Transporten
❏ Auf- und Abbauarbeiten
❏ Abfallbehälter/Abfallsäcke, Müllentsorgung
❏ Speisen: Kuchen (Welcher Nachbar stellt Kuchen zur Verfügung?); Würstchen (Geflügelwürstchen für Kinder, einschließlich Topf, Herdplatte und Würstchenzange); Grillwürstchen (einschließlich Holzkohlegrills, Holzkohle, Brötchen oder Toastbrot, Senf, Ketchup, Pappen und Servietten
❏ Getränke:
   ACHTUNG: je nach Größe des Straßenfestes lohnt ggf. ein so genannter Bierwagen, den man von Getränkefirmen mitsamt aller Getränke, oft auf Kommissionsbasis ausleihen kann. (Die Buchung sollte aufgrund der starken Nachfrage sehr frühzeitig erfolgen.) Hierbei sollte allerdings gut überlegt werden, ob beim Spielfest überhaupt Alkohol ausgeschenkt werden soll. An diesem Stand können auch alle alkoholfreien Getränke und ggf. der Kaffee ausgeschenkt, bzw. verkauft werden. Wenn kein Getränkestand ausgeliehen werden kann, tut es auch ein schön hergerichteter Gartenpavillon und das Spülmobil.
❏ Strom-, Wasseranschlüsse
❏ Spüldienste, ggf. Miete eines Spülmobils (bei der Müllabfuhr nachfragen)
❏ Ausleihe einer Musikanlage
❏ Schmückung des Festplatzes, Dekoration, Lampions, Fackeln usw.
❏ Werbung, Einladungen für alle Nachbarn

Februar/März

■ **Mehrere Vorbereitungstreffen**
Bei jedem Treffen den Organisationsstand abfragen und stichpunktmäßig in einem Protokoll festhalten.

■ **Kostenplan erstellen**
Durch einen soliden Ausgaben- und Einnahmenplan kann viel Ärger (meist nach der Veranstaltung) vermieden werden. Möglicher Ärger kann auch umgangen werden, indem vereinbart wird, dass jeder die Speisen und Getränke, die er verzehren möchte, selbst mitbringt.
HINWEIS: Vordrucke für die Kalkulation, Abrechnung sowie Ausgaben und Einnahmen sind in der Anlage zu finden.

■ **Gemeinschaftskasse einrichten**
Für unvermeidliche Gemeinschaftsausgaben sollten alle Beteiligten einen Pauschalbetrag in eine Gemeinschaftskasse zahlen. Bei der Endabrechnung wird dann ermittelt, ob zu viel eingezahlt wurde oder ob noch etwas nachbezahlt werden muss.

April

Nach Abschluss der organisatorischen Arbeiten muss ein Ortsplan angefertigt werden, in dem eingezeichnet wird, wo welche Spielaktionen platziert werden, wo die Getränke- und Essensstände aufgebaut werden, wo sich die Strom- und Wasseranschlüsse und die Abflussmöglichkeiten befinden.
(Wenn ein Antrag auf Straßensperrung gestellt wurde, sollte dieser Plan beim Ordnungsamt nachgereicht werden.)
ACHTUNG: Geräte, die Strom und Wasser benötigen, in die Nähe der Anschlüsse einplanen. Keine Strom- und Wasserleitung quer über die Spielflächen verlegen!

Programmvorschlag für ein Frühlingsspielfest

Tag: ein Samstag im Mai
Zeit 14.00 – 19.00 Uhr (22.00 Uhr)
Ort: Straße/Grünfläche/Hinterhof/Spielplatz

Gestaltung des Spielfestplatzes

Die Ausschmückung des Spielfestplatzes sollte ca. 4 – 5 Stunden vor dem Spielfest beginnen. (Dabei unbedingt die Kinder miteinbeziehen!) – Lampions und selbstgebastelte Blumengirlanden (evtl. auch Lichterketten) rahmen den Spielfestplatz ein.

Die Plätze für die einzelnen Spielaktionen werden mit bunten Schildern, die an Sonnenschirmen befestigt sind, gekennzeichnet. Auch die Pavillons für das Dosenwerfen und die Papiertütenbastelaktion können mit Krepppapier- oder Stoffstreifen ansprechend bunt gestaltet werden.

In der Mitte des Spielfestplatzes sollte das große Feld für das Völkerballspiel und die Straßenspiele markiert werden. Alle anderen Stände werden unter Berücksichtigung der Strom- und Wasseranschlüsse um diesen Platz herum angeordnet. Das Wasserkanalspiel kann in der Nähe des Wasseranschlusses aufgebaut werden und für das Ringwurfspiel oder das Wolllabyrinth gilt, dass sie auf einer freien Fläche platziert werden, die nicht als Durchgang bzw. „Abkürzung" zu nutzen ist. (Erwachsene nehmen manchmal wenig Rücksicht auf Kinderspiele und würden so den Spielablauf einiger Kinder empfindlich stören!)

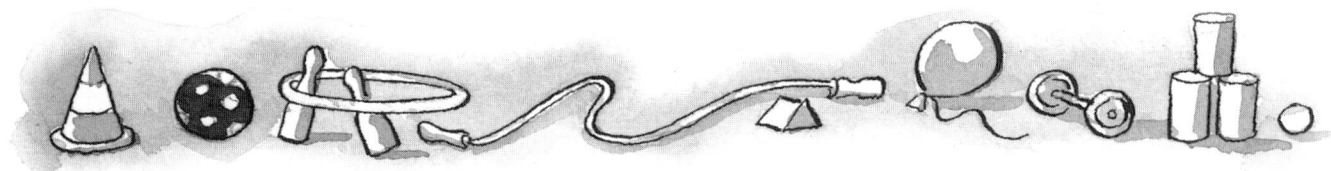

Programmablauf

14.00 Uhr Begrüßung
Start der Rallye (letzter Start: 17.00 Uhr)
Öffnung aller Spiel- und Bastelstände und des Getränkestandes

15.00 – 15.30 Uhr Fallschirmspiele

15.30 Uhr Öffnung der Kuchenbar und des Würstchenstandes

16.00 – 16.30 Uhr Völkerball

17.00 – 17.30 Uhr Straßenspiele

17.30 Uhr Auswertung der Nachbarschaftsrallye

18.30 – 19.00 Uhr Siegerehrungen Nachbarschaftsrallye, Ringwurfspiel, Nagelbalken, Eierlaufen, Dosenwerfen, Vorstellung der Papiertütenmasken

19.00 Uhr Kinderfestabschluss mit 3 Kinderliedern, bei denen die Kinder mitsingen
oder mitspielen.
Beispiele: „Das Lied vom Hühnerhof", „Wenn der Elefant in die Disco
geht", „Die Rübe", „Der Hase Augustin", „Meine Tante aus Marokko",
„Meine Oma fährt im Hühnerstall Motorrad"

19.00 – 22.00 Uhr Das gemeinsame Aufräumen und Saubermachen fördert das nähere
Kennenlernen der Erwachsenen!

Am nächsten bzw. übernächsten Tag:
Rücktransport aller geliehenen Materialien; Entsorgung des Mülls; Abrechnung der Veranstaltung

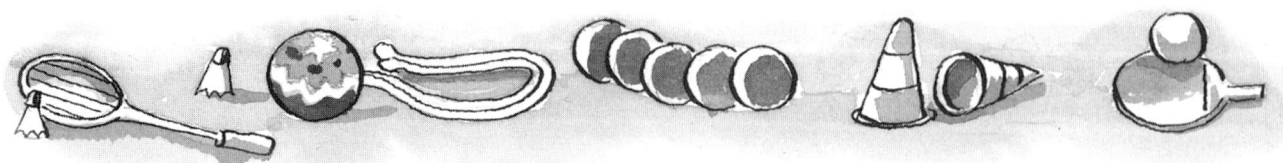

Spielfeste auf dem Schulhof, dem angrenzenden Marktplatz oder dem Kirchplatz

Das Spielfest als Stadtteilfest im Herbst organisiert von einer Grundschule, einem Kindergarten, einem Jugendfreizeithaus, einem Verein oder initiiert von einer Werbegemeinschaft.

Je nach Größe des geplanten Stadtteilfestes macht es sicher auch Sinn, wenn alle gerade genannten Einrichtungen dieses Spielfest gemeinsam gestalten, wobei möglichst eine städtische Einrichtung die Federführung bei der Vorbereitung und Durchführung der Veranstaltung haben sollte, weil viele organisatorische Details auf dem innerstädtischen Weg einfacher zu regeln sind.

HINWEIS: Ein nicht unwesentliches Detail in diesem Zusammenhang ist die Frage nach dem Versicherungsschutz.

Bei allen städtischen Veranstaltungen sind die Risiken, die auf so einem Fest lauern, durch den KSA, den Kommunalen Schadensausgleich, abgedeckt.

Privatpersonen oder private Gruppen müssten je nach Spielangebot u.U. mehrere hundert Mark/Euro für die Einzelversicherung einer Veranstaltung einplanen. Nähere Auskünfte darüber sind bei „Deutscher Ring Versicherungen" zu bekommen.

Grundsätzlich gelten hier die Bestimmungen des Bürgerliche Gesetzbuches: Sobald jemand ein Spielgerät oder eine Spielaktion bereitstellt und ein Kind nutzt diese Angebot, ist zwischen diesen Beiden stillschweigend ein Vertrag geschlossen worden. Verletzt sich nun das Kind an dem Spielgerät oder bei der Spielaktion, ist derjenige für den Schadensersatz verantwortlich, der das Spielangebot gemacht hat.

Die Ziele eines Stadtteilfestes sind so vielfältig wie unterschiedlich:

- Öffnung von Schule, Kindergarten, Jugendfreizeithaus, Verein
- Bessere Bekanntmachung des Programms und der Ziele der genannten Einrichtungen
- Verbesserung des Freizeitangebotes im Stadtteil als politisches Ziel
- Belohnung besonderer Leistungen von Kindern z.B. nach einer erfolgreichen Projektwoche; nach dem guten Abschneiden einer Mannschaft des Sportvereins, usw.
- Erschließen neuer Kundenkreise für eine Werbe- bzw. Geschäftsgemeinschaft
- Sensibilisierung bestimmter Bevölkerungsgruppen in Bezug auf besondere Probleme z.B. Aufklärung über Verkehrsgefahren, Aufklärung über gesundheitliche Risiken, Aufklärung über Umweltprobleme und deren Lösungen, usw.
- Entspanntere Kontaktaufnahme zu Adressaten der sozialen Arbeit

Welche Interessenslagen bei einem Stadtteil- oder auch Stadtfest zusammenspielen und genutzt werden können, zeigt das nachfolgende Beispiel:

- Die Grundschule, die dort die Ergebnisse ihrer letzten Projektwoche der Öffentlichkeit vorstellen möchte, will den Kindern auf einer besonderen Plattform der Öffentlichkeitsarbeit mehr Selbstbewusstsein verschaffen.
- Das Jugendfreizeithaus, das dort mit den besten Angeboten aufwartet, will sich den jedes Jahr neuen Schulkindern als Freizeitstätte vorstellen.

- Der Sportverein, der mit allen seinen Abteilungen vertreten ist, will zeigen, wie wichtig die von ihm angebotenen sportlichen Betätigungsfelder für einen gesunden Körper sind.
- Die Polizei oder die Verkehrswacht nutzt diese Gelegenheit, um im Bereich Vorbeugung die ständigen Veränderungen in den Verkehrsordnungen und den neusten Erkenntnissen in Unfall- und Verhaltensforschung einem breiten Publikum bekannt zu machen, um die zu schützen, die sich (noch) nicht selbst schützen können.
- Umweltamt oder Umweltorganisationen sind gerne Partner bei Stadtfesten, weil auch sie bereits die Kinder als Adressaten für ein sich ändern müssendes Umweltbewusstsein und als Multiplikatoren für die wichtigen Umweltschutzziele ansehen.
- Auch der ÖPNV, der öffentliche Nahverkehr, hat Kinder und deren Eltern, Onkel und Tanten im Visier, wenn es um eine Änderung im Fahrverhalten der Autofahrer geht.

Und so könnte diese Aufzählung weiter gehen. Sie sollte jedoch nur deutlich machen, dass viele unterschiedliche Institutionen ein berechtigtes Interesse haben in einer entspannten Atmosphäre Kontakt zu Kindern und deren Eltern zu bekommen. Dabei wurden die kommerziellen Interessenlagen hier noch gar nicht berücksichtigt.
Als Resümee aus diesem kurzen Exkurs soll dem interessierten Spielfestveranstalter Mut gemacht werden, offensiv an die in dem Beispiel genannten Institutionen aber auch an kommerzielle Anbieter heranzugehen, um ihnen das gemeinsame Interesse deutlich zu machen und um so durch eine breitere Beteiligung natürlich auch über mehr Möglichkeiten zu verfügen, das Programm zu variieren und

auch im kulturellen Teil den Kindern mehr Vielfalt bieten zu können.

Ideen, die im Rahmen eines Stadtteilspielfestes umgesetzt werden könnten, ohne viel Aufwand betreiben zu müssen:
- **Eine Bewegungsbaustelle**
  Eine Möglichkeit kreativ zu sein und gleichzeitig den Körper in Bewegung zu bringen.
- **Ein Kreativspielfest**
  Möglicherweise zur Schulhofverschönerung oder nur, um eine hässliche Wand zu gestalten. Es können aber auch Masken, die verrücktesten Kunstwerke und schrillsten Kostüme hergestellt werden.
- **Alles, was rollt**
  Auch eine Möglichkeit Kinder in Schwung zu bringen. Dafür werden nur Spielgeräte aufgebaut, die etwas mit Rädern und Rollen zu tun haben.

Das nachfolgende Beispiel zeigt auf, wie auch mit bescheideneren Mitteln ein Stadtteilspielfest auf die Beine gestellt werden kann, das bei dem dafür notwendigen Engagement oft bei den Beteiligten mehr positive Erinnerung hinterlässt, als teure Luftkissenveranstaltungen, die Kinder an vielen Ecken erleben können.
Dabei handelt es sich sicherlich um die aufwendigste Form eines Stadtteilspielfestes, weil unter dem Motto **„Spiel ohne Viel"** die Kreativität der Veranstalter und der Betreuerinnen und Betreuer gefragt ist.

„Spiel ohne Viel"
als Stadtteilspielfest im Herbst

Organisiert wird dieses Spielfest von einer Grundschule in Zusammenarbeit mit dem nahe liegenden Kindergarten.

Tag: am letzten Samstag im September – 4 Wochen nach Beginn des neuen Schuljahrs, nach den Sommerferien
Zeit: von 10.00 Uhr bis 16.00 Uhr
Ort: Schulhof der Grundschule

Das Spielfest in diesem Beispiel ist für die Grundschüler zusätzlich der Abschluss einer Projektwoche, in der sich die Kinder mit den Verkehrsproblemen auseinander gesetzt haben, die sie mit dem Schulweg und dem immer stärker zunehmenden Autoverkehr haben und wo die Erstklässler im Rahmen des Schulwegforscherspiels ihren persönlichen Schulweg erforschen und zusammen mit der Polizei den Weg finden, der für die Kinder der sicherste ist. (Die Anleitung für das Schulwegforscherspiel finden Sie nach der Beschreibung des Stadtteilspielfestes auf der Seite 101)

Partner für das Stadtteilspielfest:
Andere Grundschulen, Kirchen, Kindergärten, Jugendfreizeithäuser, Sportvereine, Polizei, Verkehrswacht, Freiwillige Feuerwehr, Ortsansässige Vereine und Verbände (Kinderschutzbund, AWO, Heimatvereine), ÖPNV, Umweltamt, Stadtwerke, Stadtreinigung, ggf. kommerzielle Partner (Sparkassen, Telekom, Werbegemeinschaften usw.)

Die Vorbereitungsschritte

Dezember

Mögliche Partner anschreiben bzw. anrufen und das Interesse an einer Beteiligung am Stadtteilspielfest abfragen.

Januar

ACHTUNG: Bei allen Terminabsprachen ist die Schulferiensituation zu berücksichtigen!

❏ Termin mit dem Schulträger und der Schulaufsicht abstimmen.
❏ Termin mit den direkt Beteiligten absprechen und zu einer ersten Vorbereitungssitzung einladen. Finanzierungsfragen klären: Wer übernimmt mögliche Bürgschaften für Leihgebühren, Druckkosten, Gagen? Wer kümmert sich um Sponsoren zur Abdeckung möglicher Kosten.
❏ Termin mit den zuständigen städtischen Ämtern abstimmen, damit das Stadtteilfest ins städt. Veranstaltungskonzept einbezogen werden kann. (Insbesondere dann wichtig, wenn Tische, Bänke, Bühnen, Verstärkeranlagen, Spielgeräte usw. ausgeliehen werden müssen.)
❏ Abklären wer welche Materialien, Geräte und Spiele zur Verfügung stellen kann. Ansonsten Spielbus und Spielkisten ordern.

Februar

❏ Ggf. Reservierung von Tischen, Bänken, Sonneschirmen, Pavillons, Bühnen, Verstärkeranlagen.
❏ Kontakt zu Polizei und Verkehrswacht bzgl. des Schulwegforscherspiels und zur Bereitstellung von Verkehrssicherheitsmaterialien (Fahrradparcours, Verkehrscomputer, Reaktionstests, Augentests usw.)

❏ Beim zweiten Vorbereitungstreffen alle Organisationsarbeiten erörtern und Aufgaben verteilen.
❏ Abfragen, welche Partner etwas zum Kulturprogramm beisteuern können, damit evtl. Auftritte von Chören, Tanz- und Gymnastikgruppen ins Programm miteingebaut werden können.

März

❏ Programmvorbereitung im Rahmen der Lehrerkonferenz. Beteiligung des Fördervereins klären. Die Eltern der Klassen 1 – 3 im Rahmen der Schulkonferenz informieren.
❏ Per Checkliste (s. Anhang) verbindliche Beteiligung der Eltern abfragen. (Kuchen-, Kaffee- und Getränkespenden, Besetzung von Spiel- und Informationsständen, Auf- und Abbauhilfen, Spül- und Reinigungsdienste)

April

❏ Programmgestaltung und -ablauf festlegen.
❏ Handzettel entwerfen und drucken lassen.
❏ Im Rahmen des Kunstunterrichts können Kinder Plakate malen, die in den Geschäften des Stadtteils ausgehängt werden sollten.
❏ Die Stadtdruckerei kann evtl. größere Plakate drucken. Möglicherweise hat das Presse- und Informationsamt oder das Verkehrsamt im Rahmen einer einheitlichen Präsentation der Stadt vorgedruckte Veranstaltungsplakate, in die nur noch Ort, Datum und Uhrzeit eingetragen werden müssen.
❏ Auch die Polizei oder die Verkehrswacht könnte im Rahmen ihrer Vorbeugungstätigkeiten Plakat- und Handzettelvordrucke bereitstellen, in die nur noch die Veranstaltungsdaten eingedruckt werden müssten.

Mai

❏ Einladungen für die Projektwoche, für das Schulwegsuchspiel und das anschließende Stadtteilfest im Rahmen der Informationsveranstaltung zur Einschulung an die Eltern der Neuanfänger, die Eltern der Kindergartenkinder und alle anderen verteilen. Plakate und Handzettel auch den beteiligten Partnern zur Verfügung stellen.
❏ Wenn die Stadtreinigung nicht an der Vorbereitung des Stadtteilfestes beteiligt war, muss nunmehr der Reinigungsdienst informiert bzw. bestellt werden. Dasselbe gilt für Feuerwehr und Erste Hilfe-Organisationen.
❏ Einladungen an RatsvertreterInnen und BezirkspolitikerInnen, insbesondere für die Präsentation der Ergebnisse aus den Verkehrsuntersuchungen der Projektwoche.

Juni (bzw. kurz vor den Sommerferien)

❏ In einer letzten Vorbereitungssitzung alle Beteiligten über den aktuellen Organisationsstand informieren und ggf. Korrekturen vornehmen. (Listen bzgl. der Aufgabenverteilung, HelferInneneinsatz, Auf- und Abbauzeiten, Reinigungsdienste zusammenstellen und verteilen).
❏ Materialien für die Bastelangebote zusammentragen: Tapetenreste, Makulaturpapier, Pinsel, Papiertüten, Farben, Wollreste, Knickel, Kreide
❏ GEMA-Meldung, wenn Musikdarbietungen im Programm vorkommen.
❏ Presseinformationen zusammenstellen und entweder über das zuständige Presseamt an die Presse weitergeben oder selbst die Presse informieren in folgender Reihenfolge:
  1. Monatsprogrammzeitschriften
  2. Wochenanzeigeblätter
  3. Tageszeitungen und örtliche Rundfunksender

Montag vor dem Stadtteilfest

Beginn der Projektwoche
- Start des Schulwegforscherspiels der Erstklässler (s. S. 101)
- Schulweguntersuchungen durch die Schülerinnen und Schüler der Klassen 2 – 4 mit Foto- und Videoapparaten, Zeichenblöcken und Diktiergeräten.
- Tägliche Geschwindigkeitsmessungen im Stadtteil mit Hilfe der Polizei

Freitag vor dem Stadtteilfest

- Antransport aller nötigen Geräte und Materialien. (Lagerung im Schulkeller.)
- Ggf. Reinigung des Schulhofes

Die Programmgestaltung

Gestaltung des Spielfestplatzes

Die Ausschmückung des Spielfestplatzes beginnt ca. 2 Stunden vor dem Spielfest ab 8.00 Uhr. Jede Klasse schmückt ihren Bereich selbständig.

- ❏ Aufbau der Sonnenschirme, Pavillons (Wurfbuden), Tische und Bänke, Verstärkeranlage, Aufmalen der Spielfelder.
- ❏ Aufbau der Speisen- und Getränkestände durch die Eltern.
- ❏ Die Verkehrswacht baut auf der einen Hälfte des Schulhofes den Fahrradparcours auf.
- ❏ Die Plätze für die einzelnen Spielaktionen mit bunten Schildern, die an den Sonnenschirmen befestigt sind, kennzeichnen. Auch die Pavillons für das Dosenwerfen und die Papiertütenbastelaktion können mit Krepppapier- oder Stoffstreifen ansprechend bunt gestaltet werden.
- ❏ Auf der anderen Schulhofhälfte sollte das große Feld für die Mannschaftsspiele und die Straßenspiele markiert werden. Alle anderen Stände werden um diesen Platz herum angeordnet, ohne dabei mit dem Fahrradparcours in Konflikt zu kommen.
- ❏ Sinnvollerweise finden die Stände, die Strom- und Wasseranschlüsse benötigen, ihren Platz in unmittelbarer Nähe des Schuleingangs, unter entsprechenden Klassenzimmerfenstern oder neben Toilettenanlagen.
- ❏ Viele Schulen sind über eine größere Treppe zu erreichen, die eine geeignete Plattform für die künstlerischen Beiträge, Ansagen, Großgruppenspiele usw. bildet. Dort kann auch die Verstärkeranlage aufgebaut sein.

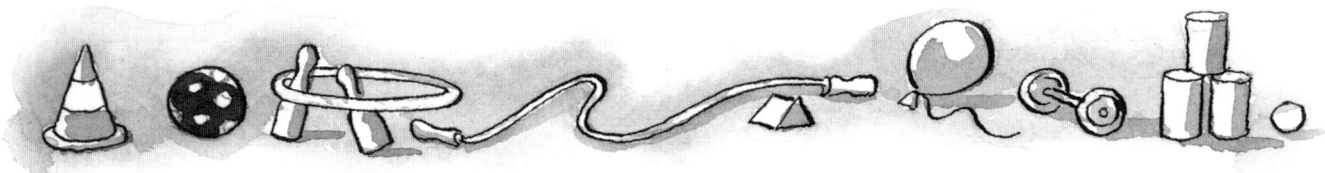

Programmablauf

9.45 Uhr   Besetzung der Getränke-, Speisen- und Spielstände

10.00 Uhr   Eröffnung des Statdteilspielfestes
  ● durch den Schulchor und
  ● durch eine kurze Einführung des Veranstalters;
  Danksagung an alle Beteiligten
  Vorstellung des Programms
  Schulchor oder
  Tanzvorführung der Kindergartenkinder

10.15 Uhr   Start aller durchgehenden Spielangebote,
  Start des Fahrradparcours für die Schülerinnen und Schüler der 4. Klasse
  Öffnung aller Spiel- und Bastelstände und der Essens- und Getränkestände

11.00 – 11.30 Uhr   Fallschirmspiele und Riesemikado-Stabspiel

12.00 – 13.00 Uhr   Völkerball

14.00 – 14.30 Uhr   Straßenspiele

15.00 – 15.30 Uhr   Erdballkreisen und Großgruppenspiele

15.30 – 16.00 Uhr   Vorstellung wichtiger Ergebnisse aus der Projektwoche, unter Beisein der
  örtlichen RatsvertreterInnen und der BezirkspolitikerInnen
  Präsentation einiger Papiertütenmasken
  Ehrung der Sieger des Fahrradparcours
  2 Beiträge des Schulchors

16.00 – 17.00 Uhr   Aufräumen und Saubermachen

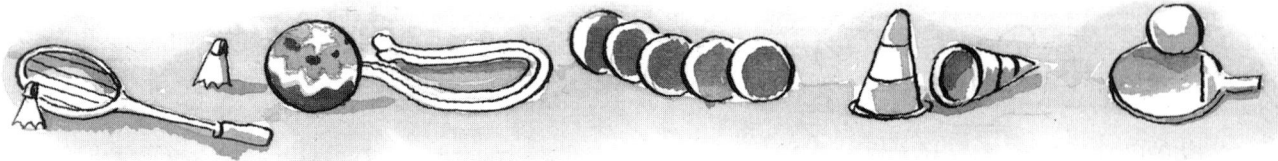

Die Schulwegforscher

Mit dem Schulwegforscherspiel finden die Erstklässler den für sie sichersten Schulweg. Dabei können mitwirken:

- die Kinder aus den ersten Klassen
- die LehrerInnen der ersten Grundschulklassen
- die Eltern
- die Polizei
- die Verkehrswacht, der Verkehrsclub Deutschland (VCD) oder der Kinderschutzbund

Vorbereitungen:

In Abstimmung zwischen der Grundschule, der Polizei, ggf. mit der Verkehrswacht und den Eltern wird für die Projektwoche ein genauer Zeitplan für das Schulwegforscherspiel erarbeitet. Dazu müssen zunächst einmal alle Adressen der beteiligten Kinder zusammengetragen und auf einem vergrößerten Ortsplan, der das Schuleinzugsgebiet zeigt, eingetragen werden.

- Da im Rahmen der Projektwoche nur fünf Tage zur Verfügung stehen, muss bei einer Klassenstärke von 25 bis 30 Kindern täglich der Schulweg von fünf bis sechs Kindern erforscht werden.

Bei zwei- und dreizügigen Grundschulen müssen entsprechend mehr BetreuerInnen und/oder PolizistInnen das Spiel begleiten. BetreuerInnen und PolizistInnen sollten vor der Aktion alle Schulwege einmal ohne die Kinder inspiziert haben und damit mögliche Gefahrenquellen und besonders kritische Verkehrssituationen bereits kennen.

- Mindestens ein Elternteil sollte an dem Morgen, an dem ihr Kind den Schulweg erforscht, zuhause sein.
- So viel Stadtplan-Ausschnitte wie Kinder teilnehmen vorbereiten.

Die Kinder können zwar noch keinen Stadtplan selbst lesen, da aber alle Verkehrssituationen und Gefahrenpunkte in den Plan eingezeichnet werden sollen, bietet der Plan den Eltern eine wichtige Orientierungshilfe.

Zu diesem Zweck muss ein schwarz-weißer Stadtplan kopiert und der Stadtbezirk, möglichst der Schuleinzugsbezirk, auf mindestens DIN A 3 vergrößert werden. (Pläne hat das Schulverwaltungsamt und/oder die kartographische Abteilung des Hochbau- oder Planungsamtes).

In den vorbereiteten Ausschnitten werden alle Wohnungen der beteiligten Kinder eingezeichnet und die Grundschule, um so einen Überblick zu bekommen, von wo die einzelnen Kinder kommen. Dieser Plan könnte später noch weiter vergrößert im Klassenraum hängen bleiben.

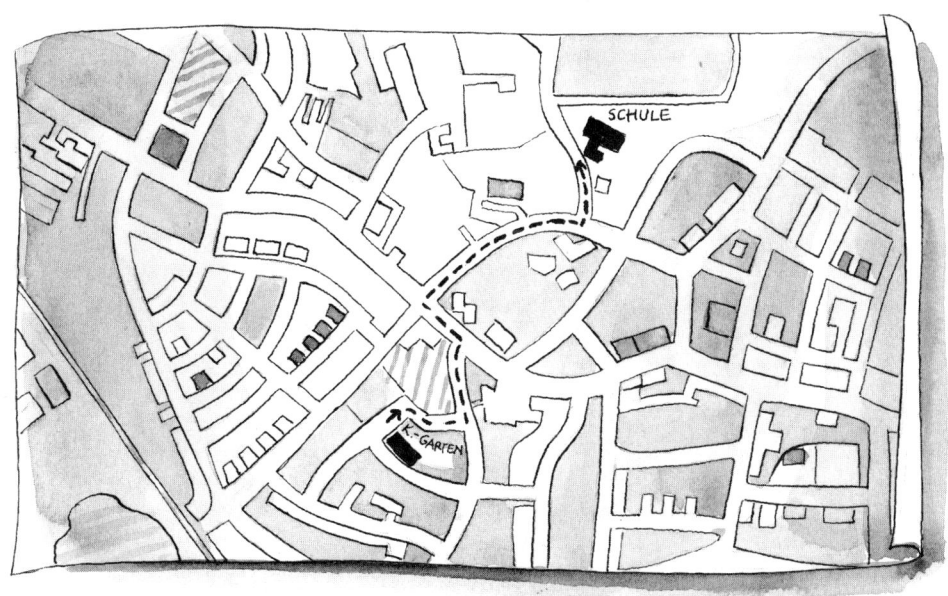

Das Schulwegforscherspiel beginnt

● Die Kinder, deren Schulweg erforscht werden, stellen sich vor und beschreiben das Haus, in dem sie wohnen. Alle anderen Kinder und die sonstigen Beteiligten stellen sich ebenfalls vor.

● Als nächstes geht es um ganz allgemeine Dinge, die den Schulweg betreffen, z.B.: rechtzeitig aufstehen, anziehen und waschen, damit Zeit genug zum gemütlichen Frühstück bleibt. Nach dem Frühstück ist ja auch noch das Zähneputzen angesagt.
Manch ein Kind muss noch auf die Toilette und das Anziehen braucht auch so seine Zeit und dann ist da noch der Schulweg...

Grundsätzlich müssen die Kinder wissen:

Wer zu spät dran ist, muss sich beeilen, der muss rennen und ist lange nicht so konzentriert bei der Sache. Deshalb sollte den Kindern und den Eltern an dieser Stelle deutlich gemacht werden, dass für den Schulweg genügend Zeitreserven eingeplant werden müssen.

Was ziehen Kinder an?

(Besonders in der dunklen Jahreszeit!)
Richtig, gerade in der Zeit, wo es morgens noch dunkel ist, wenn die Kinder zur Schule müssen, sollten sie helle Kleidung tragen.
Und damit die AutofahrerInnen sie auch als Schulkinder erkennen können, sollten auch die Tornister bzw. Schulranzen ausreichend reflektieren.
„Blinkis" oder reflektierende Aufnäher auf Jacken und Mänteln sind da ebenfalls geeignet.

● Nun wird anhand des vergrößerten Stadtplans der voraussichtliche Schulweg besprochen. Unter Umständen kann jetzt schon auf erste Schwierigkeiten aufmerksam gemacht werden.

● Jetzt ziehen sich die Kinder an und mit dem beteiligten Polizisten oder dem Vertreter der Verkehrswacht führt der Weg von der Schule natürlich zuerst zu der Wohnung der Kinder, deren Schulweg gesucht wird.
Dieser Weg muss selbstverständlich schon genau untersucht werden, ist das doch schon der eigentliche Rückweg der Kinder.

● Vor der Haustür wird ein Gruppenfoto aller Kinder gemacht. Die Fotos bekommen sie später zur Erinnerung geschenkt.

● Unter Begleitung eines Elternteils untersuchen die Kinder jetzt (auf dem Rückweg) den Hinweg zur Schule.
Die Kinder, deren Schulweg erforscht wird, führen gemeinsam mit Eltern und einer Spielbetreuerin bzw. einem Spielbetreuer die Gruppe an. Alle gefährlichen Stellen werden immer mit allen beteiligten Kindern genau besprochen.

Die wichtigsten Regeln, die auf dem Hinweg besprochen wurden, sollten häufiger wiederholt werden. Denn bei diesem Spiel „lernen" die Kinder wie im richtigen Leben durch ständiges Wiederholen und Ausprobieren.

● In der Schule angekommen, setzen sich die Kinder und alle anderen Beteiligten noch einmal zusammen und besprechen gemeinsam die Dinge, die ihnen auf dem Hin- und Rückweg aufgefallen sind.
Anschließend wird der genaue Schulweg jeweils in den vergrößerten Stadtplan des betreffenden Kindes eingezeichnet. Diesen Plan können die Kinder mit nach Hause nehmen, wo sie ihn mit den Eltern häufiger besprechen sollen.
Zum Abschluss der Forscherrunde sollten alle gemeinsam ein (Verkehrs-)Lied singen, damit den Kindern diese Aktion in schöner Erinnerung bleibt.

Die wichtigsten Regeln für einen sicheren Schulweg

⚠ Nicht immer ist der kürzeste Weg auch der beste oder sicherste Schulweg. Der erste Schulweg sollte nicht unbedingt durch Wälder, abgelegene Felder, Parks o. Ä. führen.

⚠ Auch für Schulkinder gilt immer noch: Auf dem Gehweg immer „innen" gehen – möglichst weit weg vom fahrenden Verkehr.

⚠ Wenn Straßen überquert werden müssen, sollte folgende Reihenfolge immer eingehalten werden:

1. Zuerst einen Übergang mit Ampel suchen;
2. danach den Übergang mit einem Zebrastreifen
3. erst dann den Übergang mit einer Mittelinsel
4. und wenn sich keiner dieser Überquerungshilfen in der Nähe befindet, wird ein Übergang an einem übersichtlichen Straßenabschnitt gewählt.

⚠ Der Schulweg sollte so ausgewählt werden, dass möglichst wenig Straßen überquert werden müssen.

⚠ Autos fahren nicht nur auf Straßen. Sie fahren auch über Gehwege, z.B. in eine Garage. Autos fahren in Tiefgaragen, Einfahrten, Hinterhöfe, auf Firmenparkplätze; vor oder hinter Geschäfte zum Ein- und Ausladen.

⚠ Kurzfristig eingerichtete Baustellen können die Kinder auf ihrem Schulweg gefährden. Insbesondere in kleinen Wohnstraßen werden oftmals keine besonderen Sicherungsmaßnahmen eingerichtet. Da wird den Fußgängern einfach zugemutet, über die Straße zu gehen, oftmals ohne entsprechende Verkehrssicherungsmaßnahmen. (Sollten solche Baustellen über längere Zeit ohne Verkehrssicherheitsmaßnahmen betrieben werden, sollte nach der Spielaktion das Straßenverkehrsamt oder das Tiefbauamt eingeschaltet werden)

Abschluss

Den Abschluss der Projektwoche feiern die Kinder gemeinsam mit den Eltern und allen Beteiligten auf dem Spielfest. Hier bietet sich die Möglichkeit die Schulweg Forschungsergebnisse einer breiten Öffentlichkeit vorzustellen – sei es durch Plakate, Lieder, Sketche o. Ä.

Spielfeste in der Fußgängerzone der Innenstadt oder im Stadtpark, im Einkaufszentrum oder der Stadthalle

Das Sommerspielfest als Stadtfest

im Rahmen von Eröffnungs- oder Abschlussveranstaltungen;
organisiert von der Stadt (Jugendamt, Kultur- oder Veranstaltungsamt, unter Beteiligung von Bürgervereinen, Kirchen, Parteien)

Wann: Am ersten Tag der Ferien zum Schuljahresabschluss (freitags) oder am letzten Tag der Ferien zum Schulbeginn (samstags oder sonntags)

Zeit: 11.00 bis 19.00 Uhr

Ort: Der Innenstadtplatz mitten in der Fußgängerzone

Thema:

Das Fest der Kulturen – für Toleranz und Menschlichkeit

Initiiert und organisiert wird dieses Stadtfest von einer Initiative mit Unterstützung verschiedener städtischer Ämter.

Denkbar sind in diesem Rahmen weitere Themen, wie:

Das traditionelle Stadtfest
als geschichtliches oder kirchliches Ereignis (Erntedank, Laternenumzug usw.)

Das thematische Fest
eine Kinderverkehrssicherheitveranstaltung, Thema: „Sicher in die Ferien"

Mögliche Partner für das Stadtspielfest:

Stadtverwaltung, Kulturamt, Umweltamt, Schulen, Kirchen, Ausländervereine, Kindergärten, Jugendfreizeithäuser, Sportvereine, Polizei, Freiwillige Feuerwehr, Ortsansässige Vereine und Verbände (Kinderschutzbund, AWO Heimatvereine), ÖPNV, Stadtwerke, Stadtreinigung, ggf. kommerzielle Partner (Sparkassen, Telekom, Werbegemeinschaften usw.)

Die Vorbereitungsschritte

HINWEIS: Vordrucke für die Planung (Kalkulation, Abrechnung, Verträge, Ausgaben, Einnahmen...) sind in den „Anlagen" zu finden.

November

❏ Mögliche Partner anschreiben bzw. anrufen und das Interesse an einer Beteiligung an diesem Stadtfest abfragen.

❏ Den obersten Repräsentanten der Stadt für eine Schirmherrschaft gewinnen.

Dezember

❏ Termin mit dem Kultur- und Veranstaltungsamt abstimmen.

❏ Termin mit den direkt Beteiligten absprechen und zu einer ersten Vorbereitungssitzung einladen. Möglichst monatliche Vorbereitungstreffen einplanen.

❏ Finanzierungsfragen klären: Wer übernimmt mögliche Bürgschaften für Leihgebühren, Druckkosten, Gagen? Welche Ämter und Institutionen können Etatmittel bereitstellen?

Das Kulturamt könnte Mittel aus dem Ansatz örtlicher Kulturförderung einbringen und Gagen übernehmen.

Das Jugendamt hat für die Kinder- und Jugendarbeit zur Förderung von Freizeitmaßnahmen Finanzmittel, aus denen es Gelder bewilligen könnte.

Die Polizei hat für den Bereich Verkehrssicherheitsaktionen Mittel, die in ein solches Stadtfest einfließen könnten.

Auch Rat und Bezirksvertretungen verfügen für solche Veranstaltungen über finanzielle Mittel...

❏ Da bei der Größe eines Stadtfestes möglichst alle BürgerInnen informiert sein sollten, sind Plakate, Handzettel, Programmhefte, Banner an Brücken oder über Straßen gespannt, mit einzuplanen.

Diese Werbemaßnahmen könnten zur Deckung eines Teils der Kosten beitragen, wenn entsprechende Freiflächen auf den Plakaten, in Programmheften usw. für Sponsoren reserviert würden. Allerdings kann ein Teil der Plakatwerbung auch durch Agenturen direkt vermarktet werden, indem freie Plätze für Anzeigen, Logos usw. verkauft werden.

❏ Termin mit den zuständigen städtischen Ämtern abstimmen, damit das Stadtfest ins städt. Veranstaltungskonzept einbezogen werden kann.

(Insbesondere wichtig für die Ausleihe technischer Gerätschaften und anderer Materialien wie Tische, Bänke, Bühnen, Verstärkeranlagen, Spielgeräte usw.)

❏ Abklären wer welche Materialien, Geräte und Spiele zur Verfügung stellen kann. Ansonsten Spielbus und Spielkisten ordern.

❏ Werbung in den Jahreskalender stellen lassen. Internetauftritt in Auftrag geben.

Januar

❏ Reservierung von Tischen, Bänken, Sonnenschirmen, Pavillons, Zelten, Bühnen, Verstärker- und Lichtanlagen.

❏ Kontakt zu Polizei und Verkehrswacht herstellen, bzgl. der Bereitstellung von Verkehrssicherheitsmaterialien. (Fahrradparcours, Verkehrscomputer, Reaktionstests, Augentests usw.)

TIPP: Bei einem Stadtfest zu Beginn der Sommerferien können Wiegeaktionen von Campingfahrzeugen, Wohnwagen und Materialanhängern am Rande der Veranstaltung viel zur Sicherheit der Bürger beitragen.

❏ Beim zweiten Vorbereitungstreffen alle Organisationsarbeiten erörtern und Aufgaben verteilen.

❏ Abfragen welche Partner etwas zum Kulturprogramm beisteuern können, damit örtliche KünstlerInnen, Chöre, Blaskapellen, Tanz- und Gymnastikgruppen ins Programm miteingebaut werden können.

❏ Bei einem Fest der Kulturen dürfen ausländische KünstlerInnen und Künstlergruppen nicht fehlen. Die Vereine der ausländischen MitbewohnerInnen haben u.U. gute Kontakte zu KünstlerInnen aus ihrem Land.

❏ Je nach finanzieller Ausstattung Kinderliedersänger, Kinderliedergruppen, Theatergruppen, Clowns, walk-acts usw. im Programm einplanen.

❏ Kontakt über das Kultur- oder Veranstaltungsamt zu den KünstlerInnen aufnehmen – Auftritt und Gagen vereinbaren und Verträge rausschicken.

❏ Einen Moderator, eine Moderatorin verpflichten.

❏ GEMA-Meldungen rausschicken und voraussichtliche Kosten abfragen.

Februar

❏ Alle Beteiligten, einschließlich der Ordnungsbehörden und der ansässigen Geschäftsleute zu einer Ortsbegehung einladen, wo alle Programmpunkte des Stadtfestes im Einzelnen besprochen und protokolliert werden.

❏ Anschließend einen genauen Lageplan aller Aktivitäten, Stände, Bühnen usw. erstellen und allen zur Verfügung stellen.

❏ Strom- und Wasserbedarf ermitteln und entweder kostenpflichtige Stromkästen und Wasserstandrohre aufstellen lassen oder die Anlieger um Mithilfe bitten.

❏ Mit den ortsansässigen Gastronomen und Restaurantbetreibern klären, ob die Verpflegung mehrerer tausend Besucher abgedeckt werden kann. Oder ob zusätzlich Essens- und Getränkestände aufgestellt werden müssen. (Standgelder tragen übrigens auch etwas zur Kostendeckung bei!)

❏ Plakate und Handzettel drucken lassen und öffentliche Werbeflächen reservieren.

❏ Plakataushang über die Städtereklame organisieren.

März

❏ Programmablauf festlegen.

❏ Programmheft schreiben und drucken lassen

April

❏ Direkt nach den Osterferien Einladungen, Plakate, Handzettel und Programmhefte in Schulen und Kindergärten verteilen.

❏ Die Einladung geht ebenfalls an die Eltern der Kindergartenkinder

❏ Plakate und Handzettel auch den beteiligten Partnern zur Verfügung stellen, damit von dort ebenfalls deren Mitglieder eingeladen werden können.

❏ Wenn die Stadtreinigung nicht an der Vorbereitung des Stadtteilfestes beteiligt war, muss nunmehr der Reinigungsdienst informiert bzw. bestellt werden.

❏ Dasselbe gilt für Feuerwehr und Erste Hilfe-Organisationen.

❏ Einladungen an RatsvertreterInnen und BezirkspolitikerInnen aussprechen.

Mai

❏ In einer letzten Vorbereitungssitzung alle Beteiligten über den aktuellen Organisationsstand informieren und ggf. Korrekturen vornehmen.

❏ Listen bzgl. der Aufgabenverteilung, HelferInneneinsatz, Auf- und Abbauzeiten, Reinigungsdienste zusammenstellen und verteilen.

❏ Presseinformationen zusammenstellen und entweder über das zuständige Presseamt an die Presse weitergeben oder selbst die Presse informieren in folgender Reihenfolge:
   1. Monatsprogrammzeitschriften
   2. Wochenanzeigeblätter
   3. Tageszeitungen und örtliche Rundfunksender

Juni

Genauen zeitlichen und örtlichen Aufbauplan erarbeiten und allen Beteiligten zusenden

Am Festtag

❏ Antransport aller nötigen Geräte und Materialien.

❏ Ggf. Zusatzreinigung der Fußgängerzone/des Stadtplatzes mit der Stadtreinigung vereinbaren.

Die Programmgestaltung

Gestaltung des Spielfestplatzes

Die Ausschmückung des Spielfestplatzes beginnt ca. 4 Stunden vor dem Stadtfest ab 7.00 Uhr.

❏ Aufbau der Bühnen, Sonnenschirme, Pavillons (Wurfbuden), Tische und Bänke, Verstärkeranlage, Aufmalen der Spielfelder.

❏ Aufbau der Speisen- und Getränkestände.

❏ Die Verkehrswacht und Polizei baut den Fahrradparcours und die anderen Verkehrssicherheitsgeräte auf.

❏ Die Plätze für die einzelnen Spielaktionen mit bunten Schildern, die an den Sonnenschirmen befestigt sind, kennzeichnen. Auch die Pavillons können mit zusätzlichen Kreppapier- oder Stoffstreifen ansprechend bunt gestaltet werden.

❏ Sinnvollerweise finden die Stände, die Strom- und Wasseranschlüsse benötigen, ihren Platz in unmittelbarer Nähe entsprechender Anschlüsse, da auf dem Boden verlegte Strom- und Wasserleitungen zu vermeiden sind.

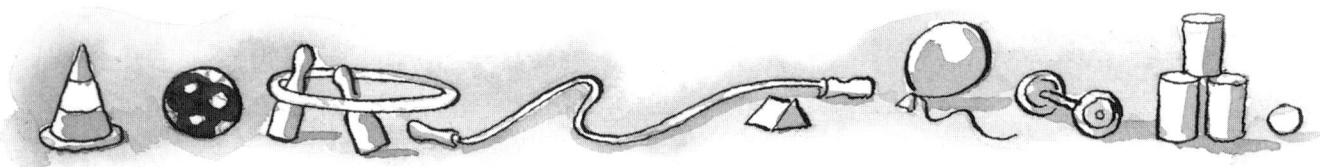

Programmablauf

07.00 – 10.30 Uhr Aufbau der Bühnen, Stände und Spielaktionen

10.30 – 11.00 Uhr Besetzung und Einrichtung der Getränke-, Speisen- und Spielstände

11.00 – 11.15Uhr
● Eröffnung des Stadtfestes durch den Moderator/die Moderatorin
● kurze Einführung des Veranstalters; Danksagung an alle Beteiligten
● Vorstellung des Programms

11.15 – 11.45 Uhr Schulchor/Schulband

12.00 – 12.30 Uhr Tanzvorführung eines Sportvereins

12.30 – 12.45 Uhr Vorstellung mehrere Spielaktionen durch den Moderator
Begrüßung des Stadtoberhauptes

12.45 – 13.00 Uhr Eröffnung des Stadtfestes durch das Stadtoberhaupt unter Beisein aller Ehrengäste

13.00 – 13.45 Uhr Auftritt eines Kinderliedersängers

13.45 – 14.00 Uhr Fallschirmspiele

14.00 – 14.45 Uhr Auftritt ausländischer Kindertanzgruppen

14.45 – 15.00 Uhr Erdballkreisen

15.00 – 15.15 Uhr Vorstellung einiger Vereine

15.15 – 15.30 Uhr Geschicklichkeitsspiele auf der Bühne

15.30 – 16.15 Uhr Kinderliedergruppe

16.15 – 16.30 Uhr Straßenspiele

16.30 – 17.00 Uhr Clowns- und Akrobaten

17.00 – 17.15 Uhr Großgruppenspiele

17.15 – 17.45 Uhr Ausländische Kinderlieder

17.45 – 18.00 Uhr Erdballkreisen

18.00 – 19.00 Uhr Abschluss mit allen Beteiligten: Spiele, Lieder, walk-acts

19.00 – 21. 00 Uhr Abbauen und Aufräumen

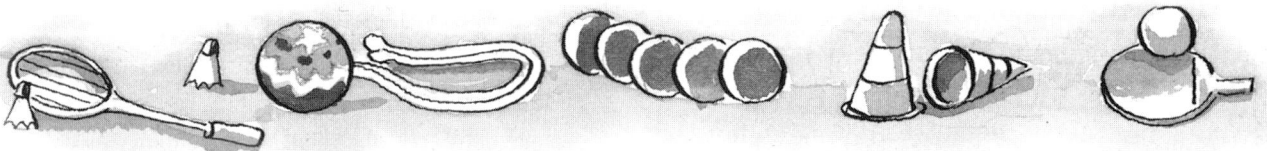

Anhang

Die Spielfestspiele

Alphabetische Auflistung der Spiele und Spielaktionen:

Angebote für Gruppen - Angebote für Einzelne - Kreativangebote - Bewegungsspiele - Geschicklichkeitsspiele - Ruhespiele

Bewegungsspiele

Materialliste von A – Z

Materialien, die zum Gelingen eines jeden Spielfestes notwendig sind:

Material	Bedarf	Bemerkungen
Abfallsäcke	mehrere Rollen	in Eimern oder besser in Ständern
Absperrbänder	mehrere Rollen	zur Spielfeldbegrenzung
Ankündigungstafeln	1 je Spielangebot	ggf. mit Spielregeln
Anspitzer	ca. 10	unterschiedliche Größe
Aschenbecher	ca. 10	wenn sich das Rauchen nicht vermeiden lässt, sind die Kippen im Aschenbecher besser aufgehoben, als auf der Spielwiese
Bänke	ca. 10 – 20	pro Spielangebot mind. 1 Bank
Besteck (Gabeln, Löffel)	je nach Bedarf	
Bandmaß, Länge 50 Meter	1	zum Markieren von Spielstrecken
Bleistifte	ca. 50	
Dosenöffner	mind. 1	
Dreifachsteckdosen	ca. 5	je nach Strombedarf
Eimer	ca. 10	
Ersatzbatterien	je nach Bedarf	für batteriebetriebene Geräte
Ersatzteile von Spielen	je nach Bedarf	Spielpüppchen, Würfel, Schrauben, Stöpsel
Ersatzbälle	je nach Bedarf	Tischtennisbälle, Tennisbälle, Gummibälle
Filme	je nach Bedarf	für Fotoapparat
Flaschenöffner	ca. 5	
Filzstifte	ca. 10 Pakete	
Fotoapparat	1	Spiegelreflex – oder Sofortbildkamera, besser: Digitalkamera
Geldkassetten	2	
Handschuhe	ca. 10 Paar	unterschiedliche Größen

Material	Bedarf	Bemerkungen
Handtücher	ca. 10	
Haushaltspapier	2 Pakete	à 4 Rollen
Heringe	nach Bedarf	für die Spannbänder zum Befestigen von Spielnetzen, Luftkissen usw.
Heringzieher	1	
Hocker	nach Bedarf	insbesondere für HelferInnen
Klapptische	5 – 10	für die Bastelangebote und für Besucher
Kabeltrommel	2	Länge 50 m
Klebeband	5 Rollen	
- doppelseitiges	2 Rollen	
Klebstoff	2 Flaschen	
Klebestifte	2	
Kreide	10 Pakete	bunte und weiße Kreide zum Markieren
Krepppapier	10 Rollen	verschiedene Farben zum Dekorieren
Lautprecheranlage (PA)	1	Verstärker, Mischpult, CD-Player, MD-Player, Cassettenrecorder, Mikrofone, Stative oder Funkmikrofonanlage, Lautsprecherboxen, auf Ständern, Kabel
Liste mit Notrufnummern	ca. 10	zum Aushängen an den Spielständen
Messer	ca. 10	unterschiedliche Größen
Megaphon	1	als Ersatz für die Verstärkeranlage
Musikcassetten	10	Kinderlieder
Musikinstrumente	2 Sätze	Trommeln und Schlaginstrumente
Öl	1 Flasche	als Schmier- und Lösungsmittel
Pappe, Plakatpapier	mehrere Pakete	zum Erstellen von Hinweisschildern
Papier	mehrere Pakete	Größen: A1 – A6, als Malpapier, für Notizen
Papierkörbe	10	zum Sammeln von Kleinspielzeugen, Bällen, Booten beim Wasserkanalspiel usw.

Material	Bedarf	Bemerkungen
Pavillons	ca. 5	mit entsprechenden Seitenwänden zum Sonnen- und Regenschutz und zur Dekoration
Pinsel	ca. 50	verschiedene Stärken
Pfeifen	2	
Putzlappen	ca. 10	
Reinigungsmittel	je 1 Flasche	Scheuerpulver, Spülmittel, Reinigungsbenzin
Reparatursets	1	für Bälle, Luftkissen, Luftmatratzen
Sackkarre	1	sollte für Treppen geeignet sein
Schälchen	10	zum Sammeln von Heftzwecken, Bleistiften, Kreide
Scheren	20	unterschiedliche Größen
Schlüssel für Absperrpfosten	1	
Schmiermittel	1 Dose	für Kugellager und Achsen usw.
Schrauben und Nägel	1 Paket	Zusammenstellung aller gängigen Größen
Schreibbretter, Tafeln	5	
Schwammtücher	10	
Seife		
Seile	ca. 10	verschiedene Längen und Stärken zum Festspannen, Halten, Aufhängen von Spielgeräten, Tafeln usw.
Sicherheitsnadeln	ca. 20	
Sonnenschirme	2 – 10	zum Sonnenschutz, zur Dekoration
Spannbänder	20	zur Sicherung von Spielgeräten (Luftkissen)
Start- und Zielstangen	je 5	mit Fähnchen und Spruchbändern
Stoppuhren	5	
Tabletts	3	

Material	Bedarf	Bemerkungen
Transportkisten/Klappkisten	ca. 10	zum Transportieren und Ordnen unterschiedlicher Materialien: Reinigungskiste, Werkzeugkiste, Schreibkiste, Reparaturkiste
Verbandstaschen	ca. 5	
Verlängerungskabel	2	50-Meter Kabeltrommeln
Videokamera/Filme	1	aufgeladene Akkus
Wachsmaler	10 Kisten	
Wasser		in Kanistern zum Händewaschen, Geräte reinigen, Farben verdünnen usw.
Wasserschläuche (gerollt)		mit allen gängigen Wasseranschlüssen
Werkzeug		Hammer, Kombizange, Wasserpumpenzange, Schraubzwingen, Flach- und Kreuzschlitzschraubendreher, Schraubenschlüssel 7 – 19, Spannungsprüfer

Adressen der GEMA-Bezirksdirektionen

Anschrift		Zuständigkeiten Länder	Regierungsbezirke
Augsburg Stettenstr. 6/8 86150 Augsburg	Tel.: 0821/50308-0 Fax: 0821/50308-88 E-Mail: bd-a@gema.de	Bayern Baden-Württemberg	● Schwaben ● Südwürttemberg- Hohenzollern ● Südbaden
Berlin, Keithstr. 7 10787 Berlin	Tel.: 030/21292-0 Fax: 030/21292-795 E-Mail: bd-b@gema.de	Berlin Brandenburg Mecklenburg-Vorpommern	
Dresden Zittauer Str. 31 01099 Dresden	Tel.: 0351/8184-60 Fax: 0351/8184-700 E-Mail: bd-dd@gema.de	Sachsen Sachsen-Anhalt Thüringen	
Hamburg Schierenberg 66 22145 Hamburg	Tel.: 040/679093-0 Fax: 040/679093-88 E-Mail: bd-hh@gema.de	Schleswig-Holstein Niedersachsen Bremen	● Lüneburg: (davon nur) Stadtkreis Lüneburg Landkreis Harburg Landkreis Lüchow-Dannenberg Landkreis Lüneburg Landkreis Soltau Landkreis Uelzen ● Stade
Hannover Blücherstr. 6 30175 Hannover	Tel.: 0511/2838-0 Fax: 0511/817410 E-Mail: bd-h@gema.de	Niedersachsen	● Weser-Ems ● Braunschweig ● Hannover -Landkreis Celle Altkreis Fallingbostel

Adressen der GEMA-Bezirksdirektionen (Fortsetzung)

Anschrift		Zuständigkeiten Länder	Regierungsbezirke
München Rosenheimer Str. 11 81667 München	Tel.: 089/48003-01 Fax: 089/48003-940	Bayern	• Oberbayern • Niederbayern
Dortmund Südwall 17-19 44137 Dortmund	Tel.: 0231/57701-0 Fax: 0231/57701-120 E-Mail: bd-nrw@gema.de	Nordrhein-Westfalen	
Nürnberg Johannisstr. 1 90419 Nürnberg	Tel.: 0911/93359-0 Fax: 0911/93359-252 E-Mail: bd-n@gema.de	Bayern	• Mittelfranken • Oberfranken • Unterfranken
Stuttgart Herdweg 63 70174 Stuttgart	Tel.: 0711/2252-6 Fax: 0711/2252-700 E-Mail: bd-s@gema.de	Baden-Württemberg	• Stuttgart • Karlsruhe ohne Stadtkreis Baden-Baden Landkreis Rastatt und Calw Landkreis Freudenstadt • Tübingen: (davon nur) Stadtkreis Ulm Landkreis Alb-Donau (teilw.)
Wiesbaden, Abraham-Lincoln-Str. 20 65189 Wiesbaden	Tel.: 0611/7905-0 Fax: 0611/7905-197 E-Mail: bd-wi@gema.de	Hessen Saarland Rheinland-Pfalz	

Adressen
der Spielgerätehersteller, -vertriebe, -verleiher

Verkauf und Verleih von mobilen Spielen

aurednik-GmbH
Boschstr. 8, 63768 Hösbach
Tel.: 06021/50090, Fax: 06021/57580
E-Mail: info@aurednik.de
Internet: http://www.aurednik.de

eibe –
Produktion und Vertrieb GmbH & Co.
Industriestr. 1, 97285 Röttingen
Tel.: 09338/89-0, Fax: 09338/89-199
E-Mail: eibe@eibe.de
Internet: http://www.eibe.de

Erhard Sport International GmbH & Co.
Verwaltung und Produktion
Postfach 1163, 91533 Rothenburg o.d.T.
Tel.: 09861/406-92, Fax: 09861/406-50
E-Mail: info@erhard-sport.de
Internet: http://www.erhard-sport.de

JAKO-O GmbH
96475 Bad Rodach
Tel.: 09564/929315, Fax: 09564/92967500
E-Mail: firma@jako-o.de
Internet: http://www.jako-o.de

Sport-Thieme GmbH
38367 Grasleben
Tel.: 05357/18181, Fax: 05357/18190
Gerätevermietung: Tel.: 05357/181-172
E-Mail: info@sport-thieme.de
Internet: http://shop-sport-thieme.de

Wehrfritz GmbH
August-Grosch-Str. 28-38, 96476 Bad Rodach
Tel.: 09564/929-0, Fax: 09564/929-224
E-Mail: wehrfritz@wefi.de
Internet: http://www.wehrfritz.de

Verkauf von mobilen Spielen

Jürgen Heyer GmbH – Kindergarten-ausstatter
Köferinger Str. 2, 92245 Kümmersbruck
Tel.: 09621/85084/85
Fax: 09621/73243

Pappnase & Co. GmbH
Von-Essen-Str. 76
22081 Hamburg
Tel.: 040/298104-10
Fax: 040/298104-20
E-Mail: info@pappnase-co.de
Internet: http://www.pappnase-co.de

Die besondere Empfehlung

moon-car aps
Essen 25, DK 6000 Kolding
Tel.: 045 75566522
Fax: 045 75567041
E-Mail: salg@moon-car.dk
Internet: http://www.moon-car.dk

Verkauf von Verkehrssicherheitsmaterialien

GHS – Gesellschaft zur Hebung der Sicherheit im Straßenverkehr mbH
Verlagsgesellschaft der Deutschen Verkehrswacht e.V.
Am Pannacker 2
53340 Meckenheim
Tel.: 02225/884-0
Fax: 02225/884.50

Verlag Heinrich Vogel
Rot-Gelb-Grün Lehrmittel
Neumarkter Str. 18, 81664 München
Tel.: 089/4372-2137
Fax: 098/4372-2898
E-Mail: verkehrserziehung@bertelsmann.de
Internet: http://www.rgg.de

Ausgewählte Adressen von Agenturen und Vereinen, die weiterhelfen:

Bundesarbeitsgemeinschaft der Spielmobile (BAG Spielmobil)
Marktplatz 4
88677 Markdorf (Bodensee)
Tel.: 07544/509312
Fax: 07544/509322
E-Mail: bag@spielmobile.de
Internet: http://www.spielmobile.de
Die Bundesarbeitsgemeinschaft der Spielmobile e.V. hält Informationen von allen ihnen gemeldeten nationalen und internationalen Spielmobilen bereit. Wer ein Spielmobil einsetzen möchte, erfährt hier, ob in seiner Wohngegend ein Spielmobil existiert.

Karussell e.V., Verein für Spiel und Kultur
Postfach 101342
44713 Bochum
Tel.: 0234/583444
Fax: 0234/9586134
E-Mail: karussell@kinderinfo.de
Internet: http://www.kinderinfo.de
Der Verein organisiert Veranstaltungen, insbesondere Spielfeste und Spielaktionen, stellt Spielgeräte zur Verfügung, verleiht mobile Bühnen, Verstärkeranlagen, vermittelt KünstlerInnen mit Kinderprogrammen. (Ein Schwerpunkt ist die Planung und Durchführung von Kinderverkehrssicherheitsveranstaltungen)

Vermittlung von KünstlerInnen mit Kinderprogrammen

CRI-CRI
Spiel- und Erlebniswelten –
Kinder- und Familienveranstaltungen
– Konzeption und Beratung –
Kinder- und Jugendzirkus
Gostenhofer
Hauptstr. 21
90443 Nürnberg
Tel.: 0911/619966, Fax.: 0911/618210
E-Mail: ThomasHeinl@cri-cri.de
Internet: http://www.spielmobile.de/
spielfestprofi/index.htm

Spielmaterialien des Spielmobil Elfriede Steinwald
74321 Bietigheim-Bissingen
Tel.: 07142/940695, Fax.: 07142/940696
E-Mail: spielmobil@farbstrasse.de
Internet: http://www.spielmobile.de/spielfestprofi/index.htm

Kidskultur – Kleinkunst für Kinder

Elke Bannach
Rostesiepen 130
58313 Herdecke
Tel.: 02330/973388
Fax: 02330/890165
E-Mail: e-bannach@yahoo.de
Internet: http://kidskultur.de

Kulturagentur claudius beck

Marktplatz 4
88677 Markdorf
Tel.: 07544/5093-12, Fax.: 07544/5093-22
E-Mail: Beck@claudiusbeck.de
Internet: http://www.claudiusbeck.de

Müller's Freunde

Gumpendorfer Straße 109/120
A-1060 Wien
Tel.: 0043/1/5969038,
Fax.: 0043/1/5969038-18
Spiel- & Erlebnispädagogik – Kinder- & Familienfeste – Events und Animationen – Beratung & Seminare
E-Mail: muellersfreunde@gmx.at
Internet: http://www.muellersfreunde.at

Spielmobile, Spielaktionen

Abenteuerspielplatz Riederwald e.V. – Abteilung Spielmobile

Vereinsgeschäftsstelle
Fischerfeldstraße 7-11
60311 Frankfurt am Main
Telefon 069/299 888 333,
Telefax 069/299 888 334
Abteilung Spielmobile
Telefon 069/40804742,
Telefax 069/40804878
Internet: http://www.abenteuerspielplatz.de/service_anfahrt_set.html

Tobedüse / Tummelhummel

Jugendamt der Stadt Herne
Hauptstraße 24
44649 Herne
Werner Simon / Kurt Werner Hoppe
Telefon: 0 23 23 /16 – 35 58
Internet: http://www.herne.de/heros/menschenskinderindex.html-ssi

Spielmobil Freiburg e.V.

Spielmaterialien – Spielmobile – Spielprogramme
Kathäuserstrasse 119
79104 Freiburg
Tel.: 0671/34996, Fax.: 0671/34990
E-Mail:spielmobil-freiburg@t-online.de
Internet: http://www.spielmobile.de/freiburg/drachen.htm

Spielmobil „Seebär"

Spiel- und Spassaktionen für Kids – Spielmaterialien – Wasserspielbaustelle
Inline und BMX Parcours
Zum Steinbeck 31
42549 Velbert
Tel.: 02051/69857, Mobil: 0171/5775958
E-Mail: cn-mvh@t-online.de
Internet: http://www.spielmobile.de/spielfestprofi/index.htm

Spielmobil Solingen

Spielanhänger mit Rollenrutsche, Luftkissen und vieles mehr
Tel.: 0212/2902758
E-Mail: spielmobil@solingen.de
Internet: http://www.solingen.de/jugend/spielmobil/spielkiste.html

Spielmobil Spielefant
Kinderfeste – Spielaktionen – Fortbildungen
Tannenkampstrasse 4
26131 Oldenburg
Tel.: 0441/504228
E-Mail: info@spielefant.de
Internet: http://www.spielefant.de/index.html

S.O.F.A GmbH
Sozial Orientierte Freizeit Angebote
– Spielmobil – Organisation – Fahrten – Ausbildung
Am Hang 8
24306 Plön
Tel.: 04522/4163, Fax.: 04522/4284
E-Mail: S.O.F.A.GmbH@t-online.de
Internet: http://www.s.o.f.a-gmbh.de

TAT Team
Spielaktionen – Spielmobil,
Verleih und Fertigung von Hüpfkissen und
anderen Großspielgeräten
Raiffeisen Str. 2
24214 Schinkel
Tel.: 04346/4917, Fax: 04346/4925
E-Mail: info@tat-team.de
Internet: http://www.tat-team.de

Die Hilfe aus dem Internet:

Kinderinfo.de –
die Kinderinteressenvertretung im Internet:
http://www.kinderinfo.de
Hier finden Sie jede Menge Informationen zu Themen, die Kinder, Eltern und Großeltern, LehrerInnen und ErzieherInnen und Multiplikatoren in der Kinder- und Jugendarbeit interessieren sollten.
Und hier haben Sie ein Diskussionsforum zur Verfügung, das dieses Handbuch als Grundlage nimmt für eine umfassende Sammlung mobiler Spiele, Spielaktionen und Spielveranstaltungen.

E-Mails:
redaktion1@kinderinfo.de
Schreiben Sie mir unter dieser Adresse, was Sie hier im Buch vermissen. In der Kinderinfo wird eine Rubrik eingerichtet, in der alle Ergänzungen zu diesem Buch Platz finden, um so ein umfassendes Hilfsmittel zur Spielfestgestaltung zur Verfügung stellen zu können
robinhood@kinderinfo.de
Schreiben Sie mir hierunter, was geändert werden muss, damit Kinder in einer kinderfreundlichen Lebenswelt aufwachsen können. Schreiben Sie der „kinderinfo" Beispiele für kinderfreundliche Aktivitäten und Maßnahmen, die hier für andere zum Nachmachen abrufbar eingestellt werden.
verkehrssicherheit@kinderinfo.de
Die für Kinder größten Gefahren lauern im immer weiter zunehmenden Straßenverkehr. Nennen Sie mir unter dieser Adresse Beispiele für Kinderverkehrssicherheitsaktionen, Veranstaltungen und Spielaktionen zur Verkehrssicherheit usw.
Tel.: 0234/8907312
Fax: 0234/8907311

Abrechnung

Veranstaltung/Spielfest	Datum/Zeit
Ort	

Nr.	Datum	Gegenstände, Bezeichnung	Bezahlt am:	Betrag	Gesamt
1					
2					
3					
4					
5					
6					
7					
8					
9					
10					
11					
12					
13					
14					
15					
16					
17					
18					
19					
20					
21					
22					
23					
24					
25					
26					
27					
28					
29					
30					
			Gesamtbetrag/Übertrag		

Einnahmen

Veranstaltung/Spielfest	Datum/Zeit
Ort	

Nr.	Datum	Speisen, Getränke	Menge:	Betrag	Gesamt
1					
2					
3					
4					
5					
6					
7					
8					
9					
10					
11					
12					
13					
14					
15					
16					
17					
18					
19					
20					
21					
22					
23					
24					
25					
26					
27					
28					
29					
30					
			Gesamtbetrag/Übertrag		

Kostenkalkulation

Veranstaltung/Spielfest	Datum/Zeit
Ort	

Nr.	Datum	Gegenstände, Bezeichnung	Bezahlt am:	Betrag	Gesamt
1					
2					
3					
4					
5					
6					
7					
8					
9					
10					
11					
12					
13					
14					
15					
16					
17					
18					
19					
20					
21					
22					
23					
24					
25					
26					
27					
28					
29					
30					
			Gesamtbetrag/Übertrag		

Organisationsplan

Veranstaltung/Spielfest	Datum/Zeit
Ort	

Nr.	Name, Vorname, Telefon	übernimmt/besorgt/kauft ein	erledigt am
1			
2			
3			
4			
5			
6			
7			
8			
9			
10			
11			
12			
13			
14			
15			
16			
17			
18			
19			
20			
21			
22			
23			
24			
25			
26			
27			
28			
29			
30			
31			

Teilnehmerliste

Veranstaltung/Spielfest	Datum/Zeit
Ort	

Nr.	Name, Vorname	Anschrift, Telefon, Telefax	Unterschrift
1			
2			
3			
4			
5			
6			
7			
8			
9			
10			
11			
12			
13			
14			
15			
16			
17			
18			
19			
20			
21			
22			
23			
24			
25			
26			
27			
28			
29			
30			
31			

Spielfest:

Datum:

von/bis:

Zeitplan / Tätigkeiten	Beteiligte	Monate/Wochen	Tage/Stunden

Vertrag

Veranstaltung		
Datum	von – bis (Uhrzeit) Uhr	Veranstaltungsort/Anschrift

Vertragspartner

1. Veranstalter	Anschrift:	Tel.:
		Fax:
		E-Mail:

2. Mitwirkende(r) Name, Vorname/Gruppe
Anschrift, Tel., Fax, E-Mail:

Vertragsinhalt

Auftrittsdauer (von – bis) Uhr	Aufbau ab: Uhr	Programmablaufbesprechung
Gage	in Worten	
Zahlungsweise ☐ bar ☐ unbar	Konto-Nr.:	bei Bank/BLZ:

1. Zu den o. a. Bedingungen wird zwischen den Vertragspartnern dieser Vertrag geschlossen.

2. Der Vertragspartner 2 verpflichtet sich an o. g. Veranstaltung mitzuwirken / o. g. Veranstaltung zu gestalten.

3. Träger der Veranstaltung Vertragspartner 1. Er organisiert die Veranstaltung, übernimmt die Werbung und stellt das Aufsichts- bzw. Sicherungspersonal.

4. Die Mitwirkenden sind auf eigene Kosten zu versichern.

5. Der Veranstalter gewährt dem Vertragspartner 2 o. g. Gage. Mit diesem Betrag sind alle Verbindlichkeiten des Veranstalters gegenüber dem Vertragspartner 2 abgegolten. Die Gage wird wie oben vereinbart ausgezahlt.

6. Die GEMA-Gebühren werden vom Veranstalter getragen.

7. Der Vertragspartner 2 trägt die steuer- und versicherungsrechtlichen Verpflichtungen.

8. Ausschließlicher Gerichtsstand für alle Streitigkeiten aus diesem Vertrag ist die Stadt

   ....

9. Nebenreden zu diesem Vertrag bestehen nicht. Änderungen müssen schriftlich erfolgen.

Für den Vertragspartner 1   Für den Vertragspartner 2

_____   _____
Datum/Unterschrift   Datum/Unterschrift

GEMA
GESELLSCHAFT FÜR MUSIKALISCHE AUFFÜHRUNGS-
UND MECHANISCHE VERVIELFÄLTIGUNGSRECHTE

Vordrucke können bei der GEMA angefordert werden

Musikfolge
für eine Einzelveranstaltung
(Live-Musik)

Eingangsstempel:

GSZ: | | | | | |

Name des Veranstalters: _____

Anschrift (Straße, PLZ, Ort): _____

Name des Betriebes / Veranstaltungsraumes: _____

Veranstaltungsort (PLZ, Ort): _____

Art der Veranstaltung: _____
(z.B.: Tanz / Unterhaltungsmusik / Konzert / Gesellige Veranstaltung / Straßenfest / ...)

Wird durch GEMA ausgefüllt	
Programm-kennzeichnung	Inkasso
Musiker-Nr.						

Veranstaltung am _____ von _____ Uhr bis _____ Uhr

Name der Kapelle: _____

Name des Musikleiters: _____

Anschrift (Straße, PLZ, Ort): _____

Anzahl der Musiker und Sänger: _____ Art der Besetzung: _____
(z.B.: Alleinunterhalter / Tanzband / Rockgruppe / Orchester / Blaskapelle / ...)

Auch unvollständige Angaben zu den einzelnen Musiktiteln sind besser als gar keine!

GEMA-Werke-Nr. falls bekannt	P/F [1]	Titel des Musikstückes	Komponist	Bearbeiter [2]	Verleger [2]
| | | | | |					
| | | | | |					
| | | | | |					
| | | | | |					
| | | | | |					
| | | | | |					
| | | | | |					
| | | | | |					

Bitte mit Schreibmaschine oder in deutlich lesbarer Blockschrift ausfüllen!
Unterschriften auf der Rückseite bitte nicht vergessen!

GEMA-Werke-Nr. falls bekannt	P/F [1]	Titel des Musikstückes	Komponist	Bearbeiter [2]	Verleger [2]
| | | | | |					
| | | | | |					
| | | | | |					
| | | | | |					
| | | | | |					
| | | | | |					
| | | | | |					
| | | | | |					
| | | | | |					
| | | | | |					
| | | | | |					
| | | | | |					
| | | | | |					
| | | | | |					
| | | | | |					
| | | | | |					
| | | | | |					
| | | | | |					
| | | | | |					
| | | | | |					
| | | | | |					
| | | | | |					
| | | | | |					

Für evtl. weitere Titel bitte ein neues Formular, Kopie oder Beiblatt anfügen.

[1] Potpourris stets mit einem <P> kennzeichnen.
Bei Werkfragmenten (Pausen- und Vorlaufmusik, Zwischen- und Schlußmusik, Titel- und Erkennungsmusiken) bitte den angegebenen Titel mit <F> kennzeichnen.
[2] Die Druckbearbeiter und Verleger immer angeben, wenn Notenmaterial verwandt wurde.

Die GEMA verpflichtet sich, die Bestimmungen des Datenschutzes einzuhalten.

Ich bitte um Zusendung von _____ Stück Musikfolgen an ☐ **den Veranstalter** ☐ **die Kapelle.**

Es wird versichert, daß alle Angaben über die Musikaufführungen nach besten Wissen gemacht worden sind.

Datum	Unterschrift des Ausfertigers	Datum	Unterschrift des Veranstalters

Der Autor

Peter Schneller, geboren 1952, in Bochum und darüber hinaus bekannt geworden durch seine Spielmobil- und Spielstraßenaktionen, als Kinderbeauftragter „Robin Hood", als Kinderliedersänger und Spielemacher und als Jugendtheatermacher.

Er setzt sich seit Jahrzehnten für Kinder- und Jugendinteressen ein und hat ehrenamtlich, hauptamtlich und leidenschaftlich unzählige kleine und große Feste und Kulturveranstaltungen für Kinder, Jugendliche und Familien organisiert und durchgeführt.

Zur Zeit berät er als Referent für Schulkulturförderung Schulen im Bereich Kultur- und Veranstaltungsmanagement und hat ehrenamtlich genug damit zu tun die Kinderinteressenvertretung im Internet – www.kinderinfo.de – auf einem aktuellen Stand zu halten. (Wer ihn dabei unterstützen möchte, ist übrigens herzlich willkommen!)

Die Illustratorin

Kasia Sander, geboren 1964 in Gdynia (Polen), studierte zunächst an der Kunstakademie Gdansk (Danzig). 1986 zog sie nach Deutschland und studierte Grafik-Design in Münster. Sie arbeitet als freiberufliche Illustratorin für Schul- und Kinderbuchverlage, als Karikaturistin und Comiczeichnerin für Tageszeitungen sowie als Designerin in der Modebranche. Teilnahme an mehreren Ausstellungen mit den Schwerpunkten Grafik, Zeichnung und Karikatur. Für den Ökotopia Verlag illustrierte sie unter anderem das Buch von Wolfgang Hering „Aquaka della Oma".

G. + F. Baumann

Mit Mammut nach Neandertal

Kinder spielen Steinzeit

ISBN: 3-925169-81-4

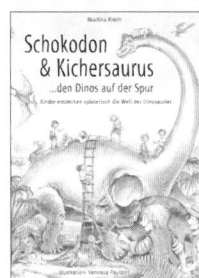

Martina Kroth

Schokodon & Kichersaurus

Kinder entdecken
spielerisch die Welt der Dinosaurier

ISBN: 3-931902-73-0

H.E.Höfele - S. Steffe

Der wilde Wilde Westen

Kinder spielen Abenteurer und Pioniere

ISBN (Buch): 3-931902-35-8
ISBN (CD): 3-931902-36-6

Kinder spielen Geschichte

Im KIGA, Hort, Grundschule,
Orientierungsstufe, offene
Kindergruppen, bei Festen und
Spielnachmittagen

Die erfolgreiche Reihe
aus dem
Ökotopia Verlag

B. Schön

**Wild
und
verwegen
übers
Meer**

Kinder spielen
Seefahrer und
Piraten

ISBN (Buch): 3-931902-05-6
ISBN (CD): 3-931902-08-0

Hoffmann -
Pieper

**Das
große
Spectaculum**

Kinder spielen
Mittelalter

ISBN: 3-925169-78-4

Floerke + Schön

**Markt, Musik
und Mum-
menschanz**

Stadtleben im
Mittelalter

Das Mitmach-Buch
zum Tanzen,
Singen, Spielen,
Schmökern, Basteln
& Kochen

ISBN (Buch): 3-931902-43-9
ISBN (CD): 3-931902-44-7

Kinder erforschen die Welt

Sabine Hirler

**Hämmern,
Tippen,
Feuerlöschen**

Mit-Spiel-Aktionen,
Geschichten, Lieder
und Tänze rund um die
Berufswelt

ISBN (Buch): 3-931902-69-2
ISBN (CD): 3-931902-70-6

M. Kalff + B. Laux

**Sonne, Mond
und
Sternenkinder**

Mit der Mondmaus in
Spielen, liedern und
Geschichten die
Phänomene des
Himmels erforschen

ISBN (Buch): 3-931902-71-4
ISBN (CD): 3-931902-72-2

A. Neumann u.a.

**Wald-
fühlungen**

Das ganze Jahr den
Wald erleben –
Naturführungen,
Aktivitäten und
Geschichtenfibel

ISBN: 3-931902-42-0

Kathrin Sandhoff u.a.

**Mit Kindern in
den Wald**

Wald-Erlebnis-
Handbuch
Planung, Organisation
und Gestaltung

ISBN: 3-931902-25-0

C. + R. Seeger

**Naturnahe Spiel-
und Begeg-
nungsräume**

Handbuch für Planung
und Gestaltung

ISBN : 3-931902-75-7

H. Bücken
+ H. Baum

**Kiesel-
Schotter-
Hinkelstein**

Geschichten
und Spiele
rund um Steine

ISBN: 3-925169-77-6